Klaus-Karl Becker

Deutsche Förderbanken zwischen Ethik und Ertrag.
Eine Untersuchung am Beispiel der BayernLB

Zum Autor:

Klaus-Karl Becker M.A. und Master Business Consultant, geb. 1965 in Troisdorf, ist selbständiger Unternehmens- und Kommunikationsberater. Neben langjähriger Tätigkeit im Bereich der Unternehmenskommunikation, wirkte er auch als Vorstandsmitglied der Deutschen Public Relations Gesellschaft und wurde 2006 beim Deutschen PR-Preis ausgezeichnet.

Becker, Klaus-Karl

Deutsche Förderbanken zwischen Ethik und Ertrag
Eine Untersuchung am Beispiel der BayernLB

Wismarer Beiträge zum Consulting, Band 4
Herausgegeben von:
Prof. Dr. Thomas Wilke
Prof. Dr. Kai Neumann
Prof. Dr. Jürgen Zeis
Prof. Dr. Andreas von Schubert

1. Auflage 2012 | ISBN: 978-3-86741-765-5

© Europäischer Hochschulverlag GmbH & Co. KG, Bremen, 2012.

Klaus-Karl Becker

Deutsche Förderbanken zwischen Ethik und Ertrag

Wismarer Beiträge zum Consulting, Band 4

www.eh-verlag.de

Inhaltsverzeichnis

Abkürzungsverzeichnis

ABS   Asset Back Securities

BMF   Bundesministerium der Finanzen

CBO   Collateralized Bond Obligations

CDO   Collateralized Debt Obligations

CLO   Collateralized Loan Obligations

CMBS   Commercial Mortgage Backed Securities

DKB   Deutsche Kreditbank

DSGV   Deutscher Sparkassen- und Giroverband

EU   Europäische Union

HeLaBa   Landesbank Hessen-Thüringen

HGAA   Hypo Alpe Adria

HSH   SH Nordbank AG

IKB   Deutsche Industriebank

IPO   Initial Public Offering

LaBo   BayernLaBo

LBS   Landesbausparkasse

MBS   Mortage Back Securities

RMBS   Residential Mortage Backed Securities

SoFFin   Sondervermögen Finanzmarktstabilisierungsfonds

S & P   Standard & Poor´s

VÖB   Bundesverband Öffentlicher Banken

Abbildungsverzeichnis

1. Einführung

Allgemein wird davon ausgegangen, dass die Fehler, die zur Finanzkrise geführt haben, auf das Banken- oder Wirtschaftssystem zurückzuführen sind. Sie beziehen sich insbesondere auf Banken, die nach einer Orientierung im globalen System suchen, die eine „Zwitterposition" einnehmen – den deutschen Landes- oder auch umgangssprachlich genannten Förderbanken. Denn diese Institute verfügten über eine hohe Liquidität, sowie – was fast noch wichtiger war – über ein gutes Rating, das sie ihren Zweckgesellschaften zum Handel mit „Verbriefungen" zur Verfügung stellen konnten. Dadurch konnten die Geschäfte außerhalb der Bilanz getätigt werden. Einnahmen wurden als Beratungshonorare deklariert.

Die öffentliche Schuldzuweisung betrifft Vorstände und die ihnen unterstellten Trader dieser Institute. Umgangssprachlich wird in diesem Zusammenhang gerne von einer „Casino-Mentalität" der Investmentbanker gesprochen. Die juristische Aufarbeitung hat gerade erst begonnen. Bis heute kann auch der genaue wirtschaftliche Schaden, der einzelnen Bundesländern oder Deutschland entstanden ist oder entstehen wird, nicht beziffert werden.

Ziel dieser Arbeit ist die Analyse des deutschen Förderbankenmarktes und seine Rolle vor, während und nach der Finanzkrise aus wirtschaftsethischer Sicht. Um den Komplex einzuschränken, wird sich diese Arbeit neben der allgemeinen theoretischen Analyse ausschließlich mit dem Aufstieg und Fall einer deutschen Landesbank – der BayernLB – befassen.[1] Ausgangspunkt ist die sogenannte „Brüsseler Konkordanz" aus dem Jahr 2002, die dazu geführt hat, dass deutsche öffentlich-rechtliche Institute so stark in ABS-Produkten engagiert waren, dass sie eine systemrelevante Position erreichen konnten.

Beim Wegfall der Gewährträgerhaftung setzte sich die europäische Wettbewerbskommission nicht energisch gegen die verschiedenen Lobbygruppen aus dem deutschen politischen Lager und den Sparkassen durch. Im Rahmen der Finanzkrise 2007 / 2008 nutzte die Kommission bisher auch nur begrenzt ihre Möglichkeiten, den Landesbanken geschäftspolitische Auflagen zu erteilen.

Zu beiden Zeitpunkten, sind die Landesbanken – so auch die BayernLB – in einer Situation, die sie nicht alleine ohne die Unterstützung des Staates bewältigen konnten. Auf der einen Seite sollen sie ihre Stellung im globalen Bankensystem finden, d. b. sich den weltweit gültigen Ratingbedingungen für eine Refinanzierung unterwerfen; auf der anderen Seite weiterhin kein

---

[1]   Ausgeklammert wird der Kauf der Kärntner HGAA, weil dies eine streng juristische Causa ist, die nicht wirtschaftsethisch analysiert werden kann und auch keinen Bezug zur geschäftspolitischen Problematik der Förder- und Landesbanken hat.

Geschäftsmodell entwickeln, welches die Geschäftstätigkeit ihrer Eigner – hier insbesondere der Sparkassen – beschränkt. Gleichzeitig sind sie noch die Interessenvertretung der Bundesländer und der regionalen Wirtschaft.

Für diese Arbeit ist die politische und moralische Verknüpfung von Staat und Landesbanken wichtig. Landesbanken handeln nicht nur nach geschäftlichem Interesse, sondern häufig sind auch politischer Nutzen Grundlage wirtschaftlicher Entscheidungen. Basis dieser Einflussnahme ist die Vertretung der Politik in den Verwaltungsräten der Landesbanken. Bei der BayernLB ist laut Satzung der bayerische Finanzminister Vorsitzender des Kontrollgremiums. Eine Hierarchiestufe höher in der politischen Pyramide hat durchaus auch Deutschland Interesse an funktionierenden „Förderbanken". Häufig genug muss die staatliche Kreditanstalt für Wiederaufbau konjunkturpolitisch wichtige Aufträge aus ihrem Verwaltungsrat (d. h. Bundesfinanzminister oder Bundeswirtschaftsminister) annehmen, die keinem Geschäftszweck entsprechen.[2] Auf der Ebene der europäischen Union spielen ebenfalls nationale politische Interessen eine herausragende Rolle – dies wird schon bei der Besetzung der Kommissare und die Bedeutung deren Ressorts deutlich.

1.1 Thesen

Basierend auf den oben geschilderten Problemstellungen resultieren folgende Thesen:

- Partikulare, nationale Interessen verhindern das Funktionieren eines geregelten globalen Bankenmarktes. Hier sehen wir ein Fehlverhalten aus wirtschaftsethischer Sicht der deutschen Politik.

- Die europäische partikular orientierte Politik verhindert systemisch die Kommunikation mit global ausgerichteten Banken und kann deswegen keine ordnungspolitischen Leitplanken setzen.

- Unter der Voraussetzung, dass Sparkassenverbände und die jeweiligen Landesregierungen nicht zu einer Konzession bezüglich der Geschäftsmodelle der Landesbanken 2002 bereit gewesen sind, hätten die Lan-

---

[2]   Die Bundesregierung hat im Jahr 2001 einen Kompromiss mit der EU Wettbewerbskommission geschlossen, der die Kreditanstalt für Wiederaufbau weiterhin als Förderbank deklariert. Ausschließlich der Bereich Exportfinanzierung musste im Jahr 2005 in die KfW-IPEX-Bank ausgegliedert werden. Gewinne der IPEX müssen nun erst versteuert werden und dürfen dann an die KfW abgeführt werden. Es wurden Mechanismen eingeführt, damit die IPEX nicht ohne weiteres bei ihrer Refinanzierung auf das AAA-Rating der KfW zurückgreifen kann. So sollten Marktvorteile ausgeräumt werden.

desbanken (hier: BayernLB) zu diesem Zeitpunkt aufgelöst werden müssen.

- Unter der Voraussetzung, dass die Landesregierungen seit 2007 nicht zu einer Konzession bezüglich der Landesbanken bereit sind, müssen die Landesbanken (hier: BayernLB) aufgelöst werden.

1.2 Relevanz des Themas

Die Relevanz des Themas ergibt sich unweigerlich aus seiner Aktualität. Die EU-Kommission hat im Jahr 2009 gegen die BayernLB und gegen alle anderen Landesbanken in Deutschland, bis auf die HeLaBa (Die hessische und thüringische Landesbank benötigte keine Kapitalhilfen, da sie kaum im amerikanisch orientierten Verbriefungsmarkt investiert war.), ein förmliches Prüfverfahren wegen unerlaubter Beihilfen eingeleitet, die sie zur Stützung nach der Finanzkrise von den an ihnen beteiligten Bundesländern erhalten haben. Die Ergebnisse für die BayernLB werden bis Ende April 2012 erwartet.

Zusätzliche Relevanz dieses Themas ergibt sich durch die noch immer herausragende Position der Landesbanken im deutschen Wirtschaftssystem, obwohl diese ursprünglich nach 2002 eingeschränkt werden sollte.

Mehr als 20 Prozent der Bilanzsummen aller deutschen Banken entfallen auf die Landesbanken.[3] Die Institute sind führend im deutschen Mittelstandsgeschäft – mehr als 22 Prozent des Kreditvergabe-Geschäfts wird von den deutschen Landesbanken abgedeckt. Im Vergleich hierzu sind die Geschäftsbanken (Deutsche Bank AG, Commerzbank AG, HypoVereinsbank und Postbank[4]) zusammen nur mit einem Marktanteil von etwas über 19 Prozent in diesem Marktsegment vertreten.

Auch in der Marktverteilung von Einlagen liegen Landesbanken und Geschäftsbanken fast gleichauf bei jeweils 21 Prozent.[5] Dies liegt sicherlich auch mit darin begründet, dass die „neue" Commerzbank ebenfalls von Deutschland gestützt werden musste[6] und somit seit Ende 2008 ihr Kreditengagement einschränkte. Die Deutsche Bank hat erst nach der Finanzkrise 2008 ihr Geschäftsmodell neu aufgestellt – weg vom fast reinen Investment-

---

[3]   Vgl. SCHROOTEN (2009), S. 666.
[4]   Seit 2011 wird die Postbank nur noch als Marke weiter geführt. Nach einem Verkauf der Bank durch die Deutsche Post an die Deutsche Bank wird das Ergebnis zusammengefasst im Geschäftsbericht der Deutschen Bank ausgewiesen.
[5]   Vgl. BUNDESBANK (2010) Auf diese Zahlen wird im Rahmen dieser Arbeit im Kapitel 3 explizit eingegangen.
[6]   KROES (2009).

banking mit hohen Margen aber auch hohem Risiko hin zum margen-
schwachen aber stabileren Privatkunden- und Mittelstandsgeschäft.

Abb. 1: Bilanzsumme des deutschen Bankensystems

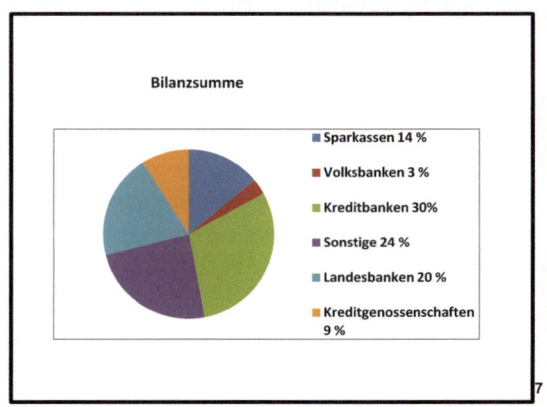

1.3 Vorgehensweise und Aufbau der Arbeit

Um die ethische Rolle deutscher Förderbanken untersuchen zu können, wird
zunächst der Begriff „Wirtschaftsethik" und seine wissenschaftliche Bedeutung definiert. Hierfür ist es notwendig, die ursprüngliche philosophische
Einheit von Wirtschaft und Ethik anhand der Nikomachischen Ethik zu erklären. Weiterhin soll die wissenschaftliche Differenz, die sich in der naturwissenschaftlich begründeten Ausgliederung der Wirtschaftswissenschaften aus
der Philosophie erklärt, wieder aufgehoben werden. Hierfür wird das Falsifikationsprinzip von Karl Popper dem kategorischen Imperativ von Immanuel
Kant sowie dem Konstruktivismus gegenüber gestellt. Auf die Basis des
Konstruktivismus geht auch teilweise die Systemtheorie von Niklas Luhmann zurück, mit deren Hilfe unüberwindbare Grenzen zwischen Ordnungspolitik, Marktwirtschaft und dem Wirtschafts- bzw. Bankensystem dargestellt werden. Diese theoretischen Vorüberlegungen werden im Anschluss
auf die BayernLB in zwei Entwicklungsphasen übertragen. Zuerst auf den
Zeitraum zwischen 2002 und 2007, in dem die BayernLB ohne Gewährträgerhaftung planen musste, und danach auf die Zeit nach der Finanzkrise ab
den Jahren 2007 / 2008.

Das methodische Vorgehen mit einem Verweis auf die entsprechenden Kapitel wird durch die folgende Abbildung illustriert:

---

[7]   SCHROOTEN (2009), S. 666.

Abb. 2: Methodisches Vorgehen in dieser Thesis

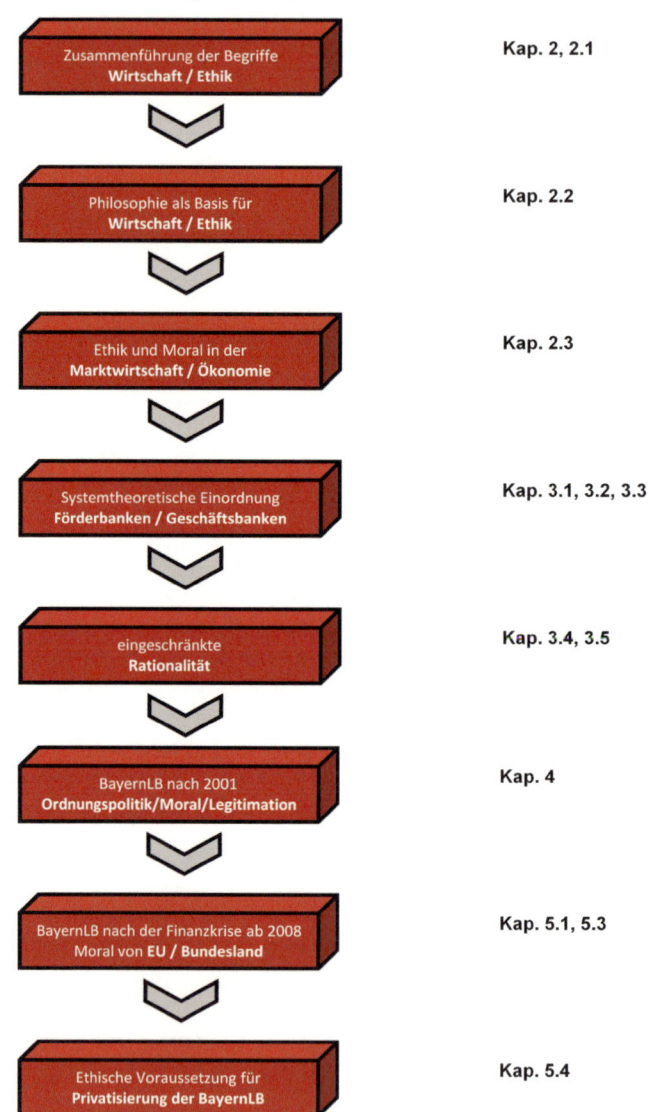

Zusammenführung der Begriffe **Wirtschaft / Ethik**	Kap. 2, 2.1
Philosophie als Basis für **Wirtschaft / Ethik**	Kap. 2.2
Ethik und Moral in der **Marktwirtschaft / Ökonomie**	Kap. 2.3
Systemtheoretische Einordnung **Förderbanken / Geschäftsbanken**	Kap. 3.1, 3.2, 3.3
eingeschränkte **Rationalität**	Kap. 3.4, 3.5
BayernLB nach 2001 **Ordnungspolitik/Moral/Legitimation**	Kap. 4
BayernLB nach der Finanzkrise ab 2008 Moral von **EU / Bundesland**	Kap. 5.1, 5.3
Ethische Voraussetzung für **Privatisierung der BayernLB**	Kap. 5.4

2. Wirtschaftsethische Verortung

Der Begriff Wirtschaftsethik dient als große Klammer zweier wissenschaftlich unterschiedlicher Ansätze. Die Wirtschaftlehre versteht sich als empirische Wissenschaft, die Tatsachen (Sein) beschreibt und aus diesen Erkenntnissen Ableitungen trifft. Die philosophische Ethik versucht normative Aussagen (Soll) zu treffen.

Ökonomik war bis Mitte des 19. Jahrhunderts ein Bestandteil der Moralphilosophie, wie auch die Sozialwissenschaften. Angelehnt an das Vorbild der Naturwissenschaften, die sich zuvor aus der universellen Philosophie gelöst haben, etablieren sich die Wirtschaftwissenschaften – auf Basis der Überprüfbarkeit von Erfahrungen – als eigene Disziplin. Demgegenüber steht die Ethik als eine selbst in der Philosophie umstrittene wissenschaftliche Forschung. „Erst die Neoklassiker wollten ab etwa 1870 ihr Fach von allen ethisch-normativen und politischen Beimischungen ‚purifizieren', also eine ‚reine' und ‚autonome' Ökonomik betreiben. Das impliziert ein Zwei-Welten-Modell von (ökonomisch als ‚sachfremd' wahrgenommener) Ethik und Politik einerseits und (als wertfrei sowie unpolitisch aufgefasster) Ökonomik andererseits."[8] Zwischen diesen beiden Spannungspolen bewegt sich die Wirtschaftsethik als wirtschaftswissenschaftlicher Fachbereich. Einerseits die messbare Abbildung der Wirklichkeit – andererseits die nicht naturwissenschaftlich begründete Aussage über Handlungsmaximen.

Abb. 3: Verbindung zwischen Ökonomik und Ethik

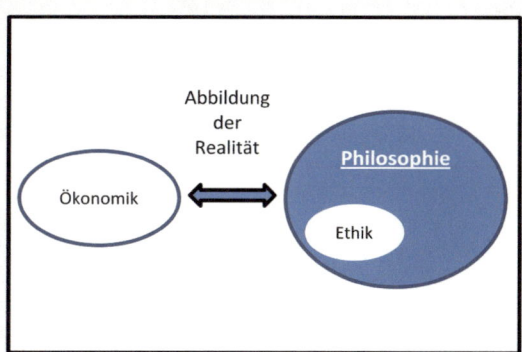

---

[8]   ULRICH (2006), S. 164.

2.1 Einführung in die „Wirtschafts"-„Ethik"

Selbst in der Philosophie ist die Positionierung der Ethik als Wissenschaft bis in die Mitte des 20. Jahrhunderts umstritten. Ethik als eigene philosophische Wissenschaftsdisziplin scheitert für Karl R. Popper an einem von ihm entwickelten Filter: Dem Falsifikationsprinzip. Wissenschaftliche Aussagen müssen an Ihren Erfahrungen scheitern können. Aussagen, die a priori getroffen werden, müssen sich a posteriori belegen lassen.[9]

Abb. 4: Ethik im Falsifikationsprinzip

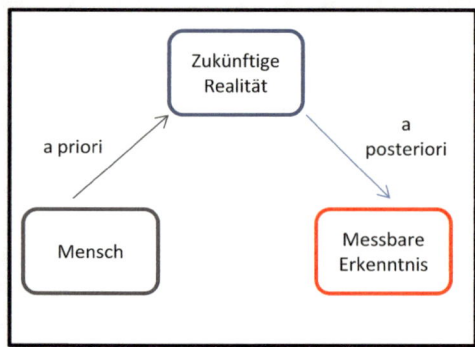

Der von Popper entwickelte radikale Ansatz eines Ausschlussverfahrens wird vom Konstruktivismus bestritten, der davon ausgeht, dass die objektive Realität sich ständig durch äußere Einflüsse im Dialog mit der Umwelt verändert. Worte und Ideen bilden somit die Wirklichkeit ab – die Realität entsteht im Kopf.[10] Insofern ist es nicht zwingend notwendig, dass sich Aussagen a

---

[9]   Vgl. POPPER (1989), S. 14.

[10]   Vgl. WITTGENSTEIN (1971), § 191. Der philosophische Konstruktivismus entstand im 20. Jahrhundert. Basis der Forschungen war die wissenschaftliche Auseinandersetzung mit dem Realitätsbegriff – mündend in der Frage: Was schafft die wahrgenommene Wirklichkeit? Einerseits gibt es die Schule des radikalen Konstruktivismus, der bestreitet, dass der Mensch eine „objektive Realität" überhaupt wahrnehmen kann. Andererseits den methodischen Konstruktivismus, hervorgehend aus der Erlanger Schule, der insbesondere mit Hilfe der Sprachmethodik versucht, eine differenzierte Realitätsbeschreibung vorzunehmen. Anhänger des methodischen Konstruktivismus beziehen sich auf die Grundlagenforschung von Ludwig Wittgenstein „Tractatus Logico-Philosophicus" von 1921.
      In der Folge lehnt sich auch Niklas Luhmann in seinen Erläuterungen zur Systemtheorie an den Konstruktivismus an. Er spricht in seinen grundlegenden Ausführungen von der Beobachtung der Handlungen und von Grenzsetzungen durch Sprache zwischen

posteriori verifizieren lassen müssen. Auch Immanuel Kant stellt sich gegen einen dogmatischen Empirismus. „Wenn der Empirismus in Ansehung der Ideen (...) selbst dogmatisch wird und dasjenige dreist verneint, was über die Sphäre einer seiner anschauenden Erkenntnisse (sic!) ist, so fällt er selbst in Fehler der Unbescheidenheit, der hier um desto (sic!) tadelbarer ist, weil durch dem (sic!) Interesse der Vernunft ein unersetzlicher Nachteil verursacht wird."[11]

Abb. 5: Ethik im Konstruktivismus

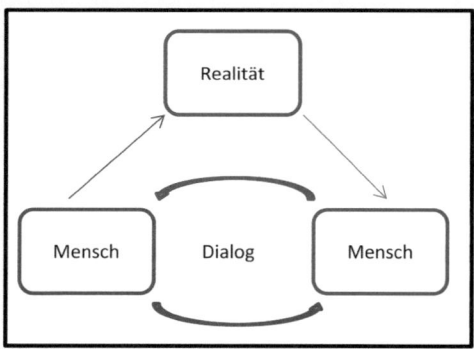

Durch diesen Ansatz wird die Ethik zu einer wissenschaftlichen Disziplin der Philosophie. „Die Ethik als Disziplin der Philosophie versteht sich als Wissenschaft vom moralischen Handeln."[12] Ethik ist dementsprechend ein ganzheitlicher interdisziplinärer Gedankenansatz, so eben auch die Wirtschaftsethik als angewandte Ethik. Für die wissenschaftliche Disziplin der Wirtschaftslehre reicht es nun nicht mehr aus, sich mit reinen ökonomischen Zusammenhängen auseinander zu setzen. „Entscheidende Fragen betreffen heute gar nicht die interne ‚Sachlogik' und Funktionsweise des marktwirtschaftlichen Systems, sondern kulturelle und gesellschaftliche Voraussetzungen oder Orientierungshorizonte des Wirtschaftens. Man denke etwa an das nicht grundlos abhanden gekommene (sic!) Vertrauen *in* die Wirtschaftsführer und *zwischen* Ihnen."[13]

einzelnen Teilsystemen – das Abstimmen von Beobachtungen. (Vgl. auch RTL, Primetime / Spätausgabe vom 22.05.1994. Interview geführt von Alexander Kluge mit Niklas Luhmann über dessen 1982 veröffentlichtes Buch „Liebe als Passion".)

[11]   KANT (1990a), S. 477.
[12]   PIEPER (2007), S. 17.
[13]   ULRICH (2009), S. 2.

Immanuel Kant beschrieb dies so: „Wir können uns keinen Gegenstand denken, ohne durch Kategorien; wir können keinen gedachten Gegenstand erkennen, ohne durch Anschauungen, die jenen Begriffen entsprechen."[14]

2.1.1 Der aristotelische Ethikansatz – Nikomachische Ethik

Für den griechischen Philosophen Aristoteles (384 v. Chr. – 322 v. Chr.) bestand eine Einheit aus Politik, Ökonomie und Ethik – er zählte diese drei Einheiten zur praktischen Philosophie. Aristoteles Hauptwerk, die Nikomachische Ethik[15], soll ein Leitfaden für den tugendhaften Menschen darstellen, der nach der vollkommenen Glückseligkeit (eudamonia) streben soll. Mit der vollkommenen Glückseligkeit entwickelt Aristoteles die Zielvorstellung des tugendhaften Menschen[16], wie er von Platon erstmals definiert wurde, weiter. Aristoteles stellt das Streben nach Glückseligkeit in einen gesamtgesellschaftlichen Kontext, so dass sich ein individuelles Streben nach Glück, Tugendhaftigkeit und letztendlich auch Vernunft ausschließt.

Abb. 6: Aristotelische Trias der praktischen Philosophie

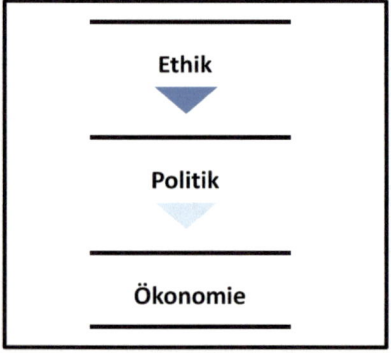

Daraus ergibt sich der ökonomische Grundsatz in der Nikomachischen Ethik. Das ausschließliche individuelle Streben nach Reichtum kann dem tugendhaften Menschen keine Glückseligkeit bescheren. Zusätzlich kann das Streben nach nur einer Sache nicht zum allumfassenden Endziel Glück führen. „Wird das angestrebte Glück im Rahmen der sittlichen Tätigkeit bestimmt, so verwirklicht es sich allein durch anhaltendes, tugendhaftes Handeln."[17]

---

[14] KANT (1990a), §27.
[15] Vgl. ARISTOTELES (2003).
[16] Vgl. PLATON (1987), S. 3–21.
[17] AßLÄNDER (2011), S. 12. „Es ist nämlich unvereinbar, auf Kosten der Gesamtheit Geschäfte zu machen und (von der Gesamtheit) Ehre zu empfangen. Denn niemand fin-

Aristoteles beschreibt in seiner Ethik einen Dreiklang, der zur Glückseligkeit des Menschen führt. Als erstes die schon beschriebene Vernunft der Seele; als zweites die körperlichen Güter des Menschen, sowie die äußerlichen Güter, zu denen auch die Ökonomik gezählt werden muss. Durch die tugendhafte Vernunft der Seele kann der strebsame Mensch nie maßlos Handeln. „Aristoteles Theorie geht nicht von der Voraussetzung aus, daß (sic!) die Bedürfnisse des vernunftgeleiteten Menschen unersättlich sind."[18] Ein Kaufmann, der nach der Glückseligkeit strebt und diese als höchstes zu erreichendes Gut anerkennt, wird nicht die Anhäufung von Reichtümern als Lebenszweck verfolgen können oder unsittliche Verhandlungen führen.[19] Ein Kaufmann, der diese Handlungsmaximen befolgt ist ein ehrbarer Kaufmann. „Aristoteles ist indes nicht entgangen, dass die wirtschaftlichen Aktivitäten seiner Zeit zum großen Teil nicht durch das Prinzip des Maßes, sondern durch das Mehr-Haben-Wollens, die Pleonexie, bestimmt wurden. Diesem wirtschaftlichen Verhalten entspricht nicht die Ökonomik, sondern jene Art von Erwerbskunst, die keine Grenze des Reichtums und des Erwerbs kennt, der Gelderwerbskunst."[20]

Abb. 7: Nikomachische Ethik

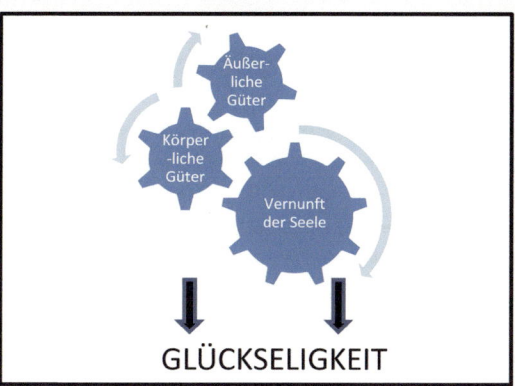

Die Abbildung 7 beschreibt die Ausgangslage, um Glückseligkeit zu erreichen: Glückseligkeit des einzelnen Individuums in einer Gesellschaft. Die Folge: Streben alle Individuen einer Gesellschaft durch ihre Handlungen nach

---

det sich damit ab, in allen Stücken im Hintertreffen zu sein: wer also bei äußerem Gewinn zurücksteht, dem gibt die Polis Ehre, und wer auf Bezahlung Wert legt, empfängt Geld." (ARISTOTELES (2003) 1163a 29–b 15)

[18]   KOSLOWSKI (1979), S. 62.
[19]   Vgl. ARISTOTELES (2003), 1258a 1–14.
[20]   KOSLOWSKI (1979), S. 57.

Glückseligkeit, dann ist das Ergebnis die perfekte tugendhafte Gemeinschaft.

Diesem logischen Prinzip folgen in unterschiedlicher Ausgestaltung verschiedene führende praktische Philosophen. Thomas Hobbes, ein Begründer der modernen Philosophie, bricht zwar mit dem von Aristoteles eingeführten Gleichheitsprinzip, indem er als Ausgangspunkt seiner Überlegungen den Naturzustand einfügt. Der Naturzustand verhindert, dass alle Menschen die gleichen Startmöglichkeiten in ihr Leben haben. Für Adam Smith ist das Wichtigste die Sympathie – das Mitgefühl.[21] Aber bis zur Einführung des kategorischen Imperativs von Immanuel Kant analysieren alle Philosophen in der Tradition Aristoteles die Handlungen und nicht den Willen der Individuen.

2.1.2 Der kategorische Imperativ als allumfassende Handlungsmaxime

Immanuel Kant geht grundsätzlich vom freien Willen des Menschen aus. Nicht mehr die Handlung steht im Mittelpunkt für die Festlegung von Vernunft, sondern ausschließlich der Wille zu einer vernünftigen Handlung.[22]

„Denn wie ein Gesetz für sich und unmittelbar Bestimmungsgrund des Willens sein könne, (welches doch das Wesentliche aller Moralität ist), das ist für die menschliche Vernunft unauflösliches Problem und mit dem einerlei: wie ein freier Wille möglich sei."[23]

Kant beschreibt den freien Willen als nicht ausschließlich Trieb determiniert. Das menschliche Wesen ist sich neben der „sinnlichen Antriebe" auch der „sinnlichen Gesetze" bewusst und hält sie ein.[24] Daraus leitet sich ein neues Wissenschaftskonstrukt ab. Die Messbarkeit von Handlungen oder Erfahrungen grenzten die wissenschaftlichen Disziplinen innerhalb oder außerhalb der Universalwissenschaft Philosophie ab – so wie es die Naturwissenschaften für sich beanspruchten. „Es ist nämlich ganz gewiß (sic!), dass wir die organisierten Wesen und deren innere Möglichkeit nach bloß mechanischen Prinzipien der Natur nicht einmal zureichend kennen lernen, viel weniger uns erklären können; und zwar so gewiß (sic!), dass man dreist sagen kann, es ist für Menschen ungereimt, auch nur einen solchen Anschlag zu fassen, oder zu hoffen, daß (sic!) noch etwa dereinst der Newton aufstehen könne, der auch nur die Erzeugung eines Grashalms nach Naturgesetzen, die

---

[21] Vgl. ebd. S. 19–20.
[22] Vgl. KANT (2010) S. 108–111.
[23] Ebd. S. 109 110.
[24] Vgl. ebd. S. 110.

keine Absicht geordnet hat, begreiflich machen werde; sondern man muß (sic!) diese Einsicht den Menschen schlechterdings absprechen."[25]

Abb. 8: Der freie Wille zur Handlung

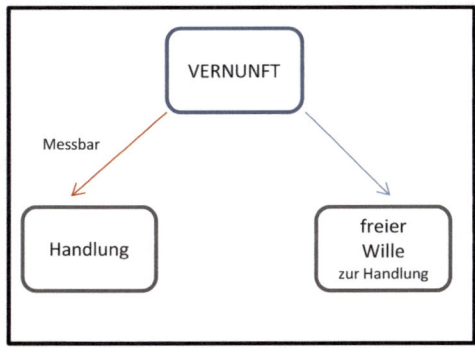

Rückt nun der freie Wille des Menschen an einer Handlung in den Mittelpunkt für die Vernunft, erfolgt damit eine neue Projektion auf den bis dahin tradierten Wissenschaftsbegriff. „Das Vermögen nach Prinzipien zu handeln löst den Willen von allen natürlichen Neigungen, Begierden und Interessen und bindet ihn an die Vorgabe der praktischen Vernunft."[26] Kant definiert das Individuum nicht als strikt vernünftiges Wesen. Der Mensch hat die Begabung vernünftig zu handeln, kann aber qua freien Willen auch unvernünftig handeln.[27] „Für den Philosophem Immanuel Kant war der Wille Ursprung einer freien Entscheidung. Deshalb trägt für ihn ausschließlich (sic!) der gute Wille das Prädikat gut und allein der böse Wille das Prädikat böse. Alle Talente, Instrumente, Strukturen, Prozesse und Effekte sind nur unter der Voraussetzung als moralisch gut oder schlecht zu qualifizieren, sofern ein freier Wille dahinter steht und nicht etwa eine Laune des Schicksals oder die Abhängigkeit von Neigungen und Trieben."[28]

Deswegen formuliert Kant den kategorischen Imperativ als alleingültige Handlungsmaxime des Menschen. Es ist die Setzung des Imperativs, weil es eine Forderung an den vernünftigen Menschen ist, wohl wissend, dass der Mensch getrieben durch den freien Willen nicht ausschließlich vernünftig handelt.

---

[25]   KANT (1990b), S. 338.
[26]   AßLÄNDER (2011), S. 15.
[27]   Vgl. KANT (1990a), S. 475–476.
[28]   VON SCHUBERT (2009), S. 104.

Kant fasst seinen Anspruch an den modernen selbstverantwortlichen Menschen in der Kritik der praktischen Vernunft im kategorischen Imperativ zusammen: „Handle so, daß (sic!) die Maxime deines Willens jederzeit zugleich als Prinzip einer allgemeinen Gesetzgebung gelten könne."[29] Diese Handlungsmaxime verändert die bis zur Aufklärung gültige Subsumierung vom einzelnen Menschen zur Gesellschaft, hin zu einer Betrachtungsweise des einzelnen Menschen als Bestandteil einer guten Gesellschaft. Nicht mehr der Einzelne steht im Mittelpunkt der praktischen Philosophie sondern die Gesellschaft, geprägt durch die Vernunft des Einzelnen.[30] Regeln und Rechte der Gesellschaft werden durch den guten freien Willen des Einzelnen konstruiert.

Abb. 9: Auswirkung auf den Gesellschaftsbegriff

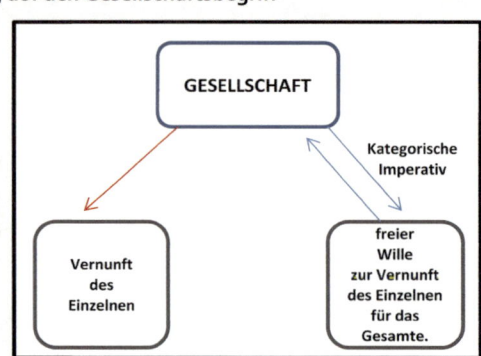

2.2 Ethik und Metaphysik

In den beiden vorangegangenen Kapiteln wurde die Trennung von „Wirtschaft" und „Ethik" mit Hilfe des Konstruktivismus als hinfällig bewiesen. Beide Forschungsdisziplinen haben somit ihre wissenschaftliche Legitimation. Ethik ist eine Teildisziplin innerhalb der neuzeitlichen Philosophie. Zu Zeiten Aristoteles umfasste die Philosophie zwei Hauptbereiche – nämlich die praktische und die theoretische (logische) Philosophie. Zur praktischen gehörten heute ausgegliederte Wissenschaftsdisziplinen wie die Ökonomie,

---

[29]   KANT (2010), §7, S. 50.
[30]   Häufig wird umgangssprachlich fälschlicherweise die sogenannte „goldene Regel"
       mit dem kategorischen Imperativ gleichgesetzt. „Behandle andere so, wie du von ih-
       nen behandelt werden willst." Die „goldene Regel" betrachtet die Gesellschaft und
       die Umwelt nur aus dem Blickwinkel der eigenen partikular-singulären Interessen.

Sozialwissenschaften, Politikwissenschaften, Mathematik und die Physik. Zur theoretischen Philosophie wurden die Logik, die Erkenntnistheorie und die Metaphysik gezählt. Unter der von Immanuel Kant entwickelten Metaphysik lässt sich die Ethik eingliedern. Denn auch die Ethik beschreibt zukünftige Möglichkeiten, die sich nicht durch den Menschen messen lassen müssen. Kant führt diesen Beweis an Hand der „Nicht-Existenz" Gottes. Unter der Voraussetzung, es gäbe einen einzigen vollkommenen Gott, wie ist dann der Mensch in der Lage dies zu erkennen, da er doch Vergleiche durchführen können müsse, um eine solche Tatsache als wahr anzuerkennen. In diesem Moment (des Erkennens) würde aber auch der Mensch einen göttlichen Status erreichen. Daraus schlussfolgert Kant, dass es keinen einzigen Gott geben kann.[31]

Dies ist ein deduktiv logischer Ansatz, den Kant in seiner Grundlegung der Metaphysik wählt; aber kein messbarer. „Da wir diese Welt nur zu einem kleinen Teil kennen, noch weniger sie mit allen möglichen Welten vergleichen können, so können wir von ihrer Ordnung, Zweckmäßigkeit und Größe wohl auf einen weisen, gütigen, mächtigen etc. Urheber derselben schließen, aber nicht auf seine Allwissenheit, Allgültigkeit, Allmacht usw."[32]

Unter der Voraussetzung des von Popper entwickelten Falsifikationsprinzips würde einem Großteil der theoretischen Philosophie, nämlich der Metaphysik, die wissenschaftliche Existenzberechtigung abgesprochen. Demgegenüber können wir mit Hilfe der in der „Kritik der reinen Vernunft" entwickelten Grundlage der Metaphysik erkennen, dass die Ethik zur ehemals theoretischen Philosophie gehört. Ökonomie hat sich seit der Mitte des 19. Jahrhundert als eine eigene wissenschaftliche Fakultät etabliert. Insofern ist auch die Teildisziplin Wirtschaftsethik ein eigener Wissenschafts- und Forschungsbereich.

---

[31] Vgl. KANT (2010), S. 202.
[32] Ebd. S. 202 – 203.

Abb. 10: Verifikation des Wissenschaftsbereichs „Wirtschaftsethik"

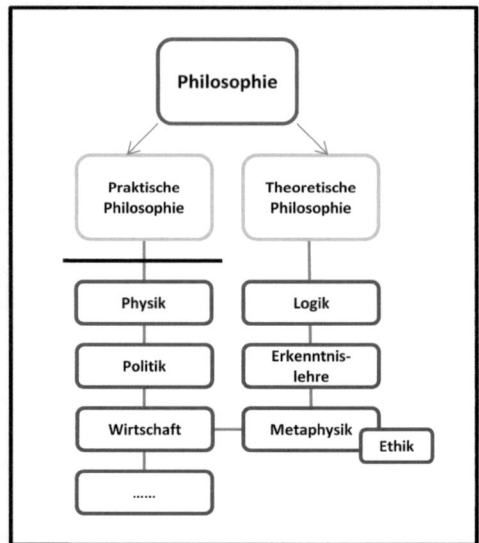

2.3 Weltethos – ökonomische Ethik

Durch die Nutzung des Internets ist im letzten Jahrzehnt die Welt kleiner geworden. Handel und Wirtschaft haben sich verändert. In Sekundenbruchteilen werden Verträge rund um die Welt geschlossen und genauso schnell wieder aufgelöst. Käufer und Verkäufer sind nur noch gemeinsam in einem virtuellen Raum. Sie müssen sich nicht wirklich kennen, sich nicht wirklich vertrauen, noch nicht einmal etwas vom Basisprodukt, das hinter den Finanzhüllen steckt, verstehen.[33]

Gleichzeitig ist die Angst der Marktteilnehmer groß, dass sie in einem intransparenten System scheitern können. „In Zeiten zunehmender Komplexität besteht die Neigung, nach Moral zu rufen. Man hofft auf Orientierung in den Wirren der Unübersichtlichkeit."[34] Oder zumindest versuchen sich die

---

[33]   Ein Beispiel: Beim ersten Börsengang der Deutschen Telekom 1996 bestimmte noch der Parketthandel der Deutschen Börse die Kurse. Im Juni 2011 wurde der Parketthandel der Deutschen Börse in Frankfurt abgeschafft.

[34]   PIES (2003), S. 1. Ergänzend: „Unternehmensskandale der jüngsten Zeit offenbaren nicht die Auswirkungen einer globalisierten Wirtschaft, sondern sie zeigen den Werteverlust des Managements und eine entsprechend degenerierte Unternehmenskultur. Dies führt zu irrationalen Rufen nach mehr Moral überall dort, wo unternehmeri-

Marktteilnehmer zwischen anderen Leitplanken zu bewegen. Hierzu dienen die (mittlerweile umstrittenen) Ratingagenturen, die aber die Rolle als neutraler Schiedsrichter nicht einnehmen können, da sie selbst aktive Marktteilnehmer sind. „Das Urteil der großen Ratingagenturen Standard & Poor's, Moody's und Fitch ist an den Märkten Gesetz. Und zwar nicht nur für Investoren, die es sich selbst nicht zutrauen, die Risiken eines Investments abzuschätzen."[35]

In den vorausgegangenen Kapiteln wurde der Begriff Wirtschaftsethik basierend auf einer „kerneuropäischen" Philosophie erklärt. Aber gibt es etwas wie ein „Weltethos" – einen Länder- und Kontinent-übergreifenden Ethikbegriff und in der Folge den einen weltweiten „ehrlichen Kaufmann"? „Der anständige Kaufmann polemisiert nicht gegen eine vernünftige Neuordnung der Marktregeln, er schielt auch nicht danach, sie schlau zu unterlaufen oder zu umgehen. (...) Für Ihn ist jeder ein gleichberechtigtes Mitglied der Rechtsgemeinschaft, der die gleichen Wirtschaftsbürgerrechte und –pflichten trägt."[36]

Abb. 11: Ethik und Moral in einer globalen Welt

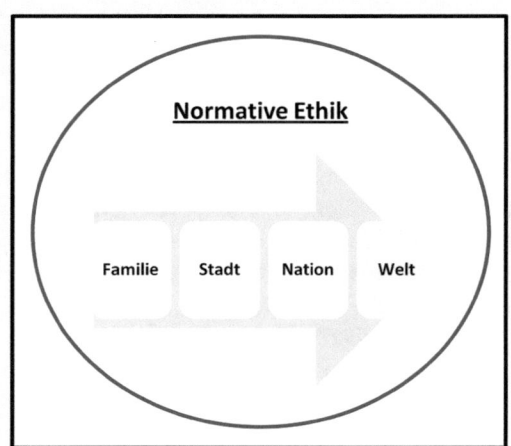

---

sches Handeln unliebsame Konsequenzen nach sich zieht, auch wenn dies nicht durch moralisches Fehlverhalten bedingt war." (AßLÄNDER, RUTER (2008) S. 20.)

[35] SLEEGERS (2011).
[36] VON SCHUBERT (2009), S. 105.

Bürgerrechte in einer globalen Gesellschaft müssen dann neu definiert werden. Aber durch welche Instanz und mit welcher Legitimation?[37] Die Legitimation liegt in der Differenz der einzelnen Gesellschaften und den ihnen zugrunde liegenden Verträgen. Es gibt weltweit partikulare individuelle Interessen an Spielregeln, an Bürgerrechten.[38] „Ein solcher Konsens ist nicht zu denken als `kleinster gemeinsamer Nenner´. (...) Es handelt sich um einen interessenbasierten Regelkonsens, der durch Pluralismus zu allererst konstituiert wird."[39] Zusätzlich muss für eine gemeinsame weltweite ethische Regelung der Handelsbeziehungen davon ausgegangen werden, dass die individuellen Intentionen grundsätzlich gut sind. Fehler entstehen somit ausschließlich auf institutioneller Ebene.[40]

2.3.1 Ethik als Voraussetzung für die Marktwirtschaft

Ökonomie hat sich in der Mitte des 19. Jahrhunderts in Anlehnung an die Naturwissenschaften als eigene Wissenschaftslehre etabliert. Voraussetzung war hierfür, dass sich Marktwirtschaften systemisch beschreiben und berechnen lassen. Angebot und Nachfrage regeln z. B. die weltweiten Rohstoffmärkte. Preise werden dadurch bestimmt, inwieweit weltweite Reserven in Lagern vorhanden sind. Kurzfristige Verfügbarkeit bestimmt das Angebot und damit auch den Preis. „Der Wettbewerb geht nicht in erster Linie um ein bestimmtes Gut, (...), sondern um Kooperationschancen, und er steht im Dienst der gesellschaftlichen Kooperation, der Wettbewerb ist ein Instrument der Kooperation."[41]

Unbeachtet bleibt aber in einem solchen berechenbaren Markttheorem die Frage nach der Nachhaltigkeit. Wie lange reichen z. B. die Ölreserven noch für die Menschheit? Eine einfache Grenze der ökonomischen Theorie. Ökologische Probleme für die zukünftigen Generationen werden nicht in die Preise mit eingerechnet – es gibt auch kein schlüssiges Modell. Dieses „Nicht-Berechnen" von Nachhaltigkeitskosten ist eine bewusste Handlung, die direkten Einfluss auf die Preisfindung, also auf die Marktwirtschaft, hat. Dementsprechend lassen sich die Wirtschafts- nicht mit den Naturwissenschaften vergleichen.[42] „Der implizite Ökonomismus sitzt verborgen im Erklärungsparadigma, welches die jeweiligen Marktmachtverhältnisse `wertfrei´ feststellt und diese Feststellungen an seine Adressaten, die von den Ak-

---

[37] Vgl. PIES (2003), S. 5.
[38] Vgl. ebd. S. 6.
[39] Ebd.
[40] Vgl. ebd.
[41] HOMANN / SUCHANEK (2000), S. 17, 18.
[42] Vgl. BRODBECK (2002), S. 18–24.

teuren im Gegenstandsbereich kategorial getrennt werden (sonst macht dies nämlich alles keinen Sinn), weiterreicht."[43]

Eine „wertfreie" Handlung kann es nicht geben. Das ist das grundsätzliche Dilemma der Wirtschaftswissenschaften. „Wo kein in seiner vernünftigen Gültigkeit und Verbindlichkeit begründeter normativer Input ist, kann auch kein normativ gehaltvoller Output resultieren."[44] Insofern determiniert der Handelnde immer die Ethik in der Marktwirtschaft - erst recht in einer globalen Wirtschaft. Normative partikulare Interessen verhindern modellhafte Abläufe, die sich wissenschaftlich messen lassen. „Von diesen und ihrer paradigmatischen Vorentschiedenheit für die normative Logik des Marktes verabschieden wir uns nun – denn wer sich den vom Ökonomismus ausgeblendeten lebensweltlichen Ansprüchen an ein vernünftiges Wesen stellen will, der benötigt Ethik."[45]

Abb. 12: Ökonomie ist Ethik

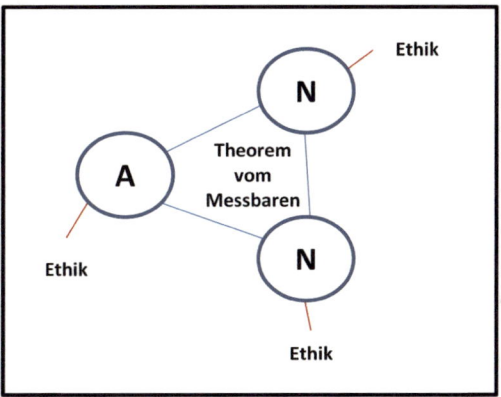

A = Anspruch N = Norm

---

[43] THIELEMANN (2009a).
[44] ULRICH (2006), S. 169.
[45] ULRICH (1998), S. 202.

2.3.2 Moral in der Ökonomie

„Erst kommt das Fressen, dann kommt die Moral."[46] Funktioniert Wirtschaft so, wie es Berthold Brecht in der Dreigroschenoper zusammengefasst hat? Brecht geht davon aus, dass Moral und Ethik keinen Platz und auch keine Berechtigung in einer profitorientierten Gesellschaft haben.[47]

Infolge der Wirtschaftskrise, die zusätzlich durch massiven Betrug von einzelnen herausragenden Wirtschaftspersönlichkeiten / -institutionen befeuert wurde, kommt dieser populistischen Aussage eine hohe Bedeutung zu.

„Wirtschaft ohne Moral, ohne Rücksicht auf den Zustand und den Zusammenhalt unserer Gesellschaft, Egoismus vor Allgemeinwohl, das waren die Orientierungspunkte eines Denkens und Handelns ohne Maß und Mitte. Offenbar sind nicht nur die Märkte in den vergangenen zwei Jahrzehnten dereguliert worden, sondern bei vielen sind darüber gleichzeitig moralische Maßstäbe und ganz konkret das Wertegerüst der sozialen Marktwirtschaft verloren gegangen."[48]

Demgegenüber steht die Meinung, dass eine Gesellschaft ohne Moralvorstellungen auch vor der Krise und gerade in der Krise nicht funktioniert hätte. Es handelt sich um die Exzesse Einzelner. Wenn es grundsätzliche moralische Verfehlungen der freien Marktwirtschaft gäbe, dann wäre letztendlich die Weltstaatengemeinschaft gescheitert. Dann hätte es die befürchtete Kernschmelze des globalen Finanzsystems gegeben.

Vielmehr zeigt die reale Möglichkeit der Kernschmelze, dass einzelne Personen oder Institutionen aus dem allgemeingültigen Wertesystem ausbrechen, um durch Korruption einen wirtschaftlichen Vorteil zu erlangen. „Korruptionsbeziehungen bieten Zugewinnmöglichkeiten, die zwar von dritter Seite sanktioniert werden können, die aber aus Sicht der ausführenden Akteure, dennoch eine Ressource darstellen."[49]

Entscheidungsträger, die nicht tugendhaft oder vernünftig handeln, setzen auf eine grenzenlose Gewinnmaximierung. Soweit dies aber nicht systema-

---

[46] BRECHT (2004), S. 67.
[47] Die differenzierte Begriffsausgestaltung von Moralität, Moral, Ethos und Ethik (Vgl. ULRICH (2001), S. 43.) führt aus Sicht des Verfassers in eine Sackgasse. Moral und Ethik in der Ökonomie sind als Begriffe gleichzusetzen, da sie häufig in Übersetzungen aus dem Englischen als Synonyme erscheinen. Gerade in einer globalisierten, angelsächsisch geprägten, Ökonomie ist eine solche Begriffsdifferenzierung hinderlich.
[48] STEINBRÜCK (2009).
[49] PRIDDAT / SCHMID / GRAEFF (2011), S. 12.

tisch von einer Gesellschaft betrieben, sondern mit Sanktionen beschränkt und kontrolliert wird, kann Ethik und Moral in der Ökonomie eben nicht verneint werden.[50] Notwendigerweise müssen dafür aber in den großen Unternehmen über alle Hierarchiestufen hinweg Kontroll- und Leitsysteme installiert werden. Moralisches Verhalten muss honoriert – rücksichtsloses Verhalten sanktioniert werden. „Sie (sic!: die Korruption) zerstört die Fairness des marktwirtschaftlichen Wettbewerbs, unterläuft die normative Geltung der allgemeinverbindlichen, unparteilichen Spielregeln einer wohlgeordneten Gesellschaft im Ganzen, verunmöglicht so deren Durchsetzung und schädigt das Vertrauen der noch integeren Bürger in die Gerechtigkeit der staatlichen Ordnung aufs Schwerste."[51]

Unternehmen müssen wirtschaftlichen Erfolg haben; deswegen müssen sie gewinnorientiert sein. Die deterministische Suche nach dem Gewinnmaximum verhindert ein tugendhaftes Handeln – ein Handeln im Interesse aller Betroffenen, damit der Gesellschaft. Die Gewinnmaximierung ist ein grundsätzlich „betriebsfremdes" Interesse, welches in der Rangordnung des Unternehmers eine nachgeordnete Stellung haben sollte.[52]

Abb. 13: Moralisches Handeln von Entscheidungsträgern

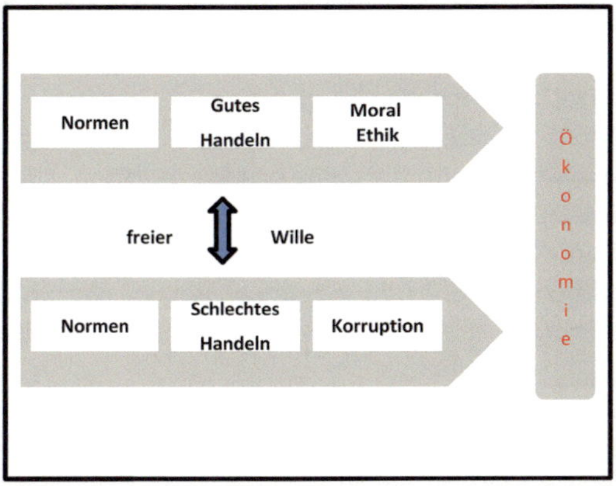

---

[50] Vgl. ULRICH (2001), S. 322.
[51] Ebd.
[52] Vgl. Ulrich (1998), S. 403.

3. Untersuchung des deutschen Bankenmarktes

Die deutsche Bankenlandschaft gilt als „overbanked". „In Deutschlands Universalbankensystem bestehen private Geschäftsbanken neben dem genossenschaftlich organisierten Sektor (60 Prozent aller Institute) und dem Sparkassensektor (20 Prozent). Das heißt: 80 Prozent aller deutschen Banken verfolgen kein reines Profitmaximierungsprinzip."[53] Denn sie haben ein anderes Geschäftsprinzip.

Für Sparkassen steht die Geld- und Kreditversorgung des regionalen Territoriums im Vordergrund. Desweiteren sind Sparkassen verpflichtet, sich sozial zu engagieren. Allgemeine bundesweite Grundsätze können nicht formuliert werden, da die Sparkassengesetze Bundesländergesetze sind.[54] Dennoch wird die Bedeutung der Sparkassen für Deutschland nicht in Frage gestellt. „Andererseits gibt es sicherlich mehr als ein Dutzend gute Gründe für die Existenz von Sparkassen und Landesbanken: angefangen bei der Versorgung breiter Bevölkerungsschichten mit Bankdienstleistungen bis hin zur bankgestützten Expansion regionaler Wirtschaftsunternehmen."[55]

Seit der Realisierung der europäischen Währungsunion zum Jahresbeginn 2002 hat die europäische Union begonnen, die deutsche Bankenlandschaft zu reformieren, zu deregulieren. Als Vorbild gilt das angelsächsische Bankenmodell. „Die Europäische Kommission hat 2001 entschieden, dass öffentliche Garantien als Subventionen im Sinne des EU-Rechts angesehen und bis 2005 abgeschafft werden"[56] mussten. „Typisches Haftungssystem für öffentliche Kreditinstitute in der Rechtsform der Anstalt des öffentlichen Rechts war die Anstaltslast und die Gewährträgerhaftung. Unter Anstaltslast versteht man die Verpflichtung des Trägers, die Anstalt mit den zur Aufgabenerfüllung nötigen finanziellen Mitteln auszustatten und so für die Dauer ihres Bestehens funktionsfähig zu erhalten. Soweit Verbindlichkeiten der Anstalt deren Vermögen übersteigen und die Gläubiger deshalb ihre Forde-

---

[53] LEXIS (2004), S. 42.
[54] Art. 2, Aufgaben der Sparkassen: (1) Die Sparkassen haben nach näherer Regelung der Sparkassenordnung (Art. 20) der Bevölkerung Gelegenheit zur sicheren und verzinslichen Anlegung von Ersparnissen und anderen Geldern zu geben sowie dem örtlichen Kreditbedürfnis, insbesondere der Bevölkerungsschichten, aus denen die Spareinlagen stammen, zu dienen. Sie haben durch geeignete Einrichtungen den Sparsinn der Bevölkerung zu pflegen und den bargeldlosen Zahlungsverkehr in jeder Weise zu fördern. (2) Die Sparkassen sind geeignet zur Anlegung von Mündelgeldern und von Geldern, die wie Mündelgelder anzulegen sind. Das Staatsministerium des Innern kann im Einvernehmen mit der zuständigen Justizverwaltungsbehörde einer Sparkasse diese Eignung entziehen. SPARKASSENGESETZ BAYERN (1956).
[55] WITTKOWSKI (2005).
[56] Ebd., S. 43.

rungen nicht realisieren konnten, griff die Gewährträgerhaftung, jeder Gläubiger hatte dann unmittelbar einen Anspruch auf Erfüllung seiner gegen die Anstalt gerichteten Forderungen gegenüber dem Gewährträger."[57]

Der Sparkassensektor mit der Gewährträgerhaftung dominierte den deutschen Retailmarkt. Eine Gewinnmaximierung, wie sie die Privatbanken im Sinn des Shareholder Values vorsehen[58], war und ist bei den Sparkassen durch die kommunale Besetzung im Verwaltungsrat (Interessendivergenz) nicht die oberste Maxime. Zusätzlich besitzen die Sparkassen zusammen mit einzelnen Bundesländern unterschiedlich große Landesbanken als Zentralinstitute. Bis zum April 2011 hielten große Sparkassen sowie deutsche Landesbanken einen jeweils fünfzigprozentigen Anteil an einem anderen Spitzeninstitut, der DEKA-Bank.[59] „This institution fully controls the investment funds of the savings group."[60]

Durch die Aufteilung des Bankenmarkts in Deutschland hat sich ein margenschwaches System entwickelt, das auch dem europäischen Vergleich nicht standhält. Kontoführungsgebühren und alle anderen Dienstleistungen für Kunden sind im internationalen Vergleich nicht gewinnbringend genug.

Die Deutsche Bank kommt nach dem Kauf der Postbank nur auf einen Marktanteil im Privatkundengeschäft von rund 15 Prozent. „Zum Beispiel beruht der hohe Marktanteil der Sparkassen im Retailgeschäft auf ihrer breiten Filialstruktur und ihrer intensiven Marktbearbeitung, während einige private Banken dieses Geschäftsfeld lange Zeit vernachlässigt haben."[61]

Die „neue" Commerzbank, als Mittelstandsbank, propagiert das Ziel für 2013, ihren Marktanteil in diesem Segment von sechs auf neun Prozent zu steigern. Auch im Mittelstandsgeschäft sind Sparkassen und die genossenschaftlichen Banken durch die Netzdichte, durch den Ausschluss von interner Konkurrenz (territoriale Abgrenzungen) in Deutschland führend. „In Deutschland ist die Abhängigkeit der Unternehmen insbesondere des Mittelstands, von Bankfinanzierung immer noch deutlich höher als im Ausland; die Mittelstandsfinanzierung liegt hauptsächlich in den Händen der Sparkas-

---

[57]   SCHLOSSMACHER (2010).
[58]   Hier stellt sich die Frage, ob eine Gewinnmaximierung als alleiniges Ziel eines Instituts mit den weltweiten normativen gesellschaftlichen Regeln (moralisch / ethisch) vereinbar ist.
[59]   „Die deutschen Sparkassen sind (...) Alleineigentümer der DekaBank. Nachdem bereits im April 2011 die Verträge über den Erwerb des 50prozentigen Anteils der Landesbanken durch die Sparkassen an dem Institut unterzeichnet worden waren, wird heute die Transaktion endgültig vollzogen." (DSGV (2011)).
[60]   HACKETHAL (2003) S. 12.
[61]   WITTKOWSKI (2005).

sen."[62] Das angelsächsische Prinzip der Corporate Bonds gilt für den deutschen Mittelstand noch nicht als Kapitalisierungsbasis, da hierfür ein Rating, mit einer klaren und transparenten Bilanzierung nach internationalen Maßstäben, nötig wäre.

Abb. 14: Der deutsche Bankenmarkt

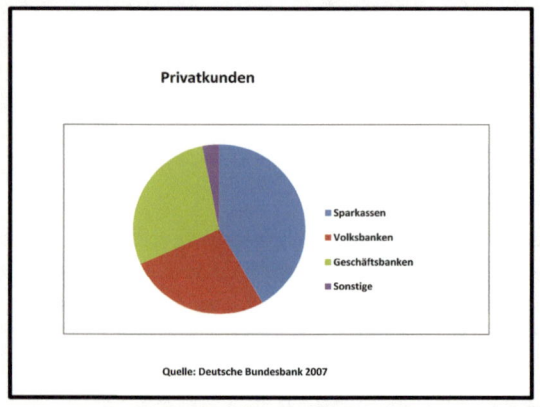

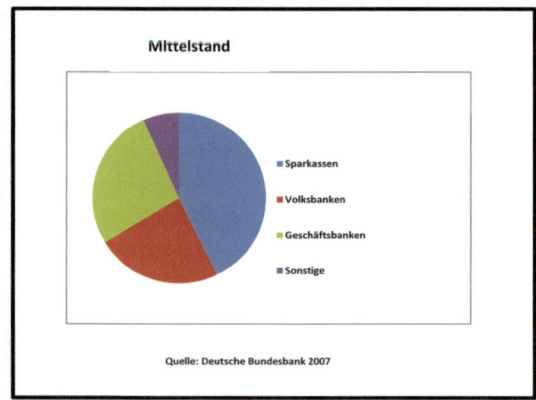

3.1 Das systemtheoretische Selbstverständnis der deutschen Bankenlandschaft

Nach Niklas Luhmann zerfällt die Gesellschaft in unzählige soziale Systeme. Mit dieser Gesellschaftstheorie erhebt er den Anspruch, die soziale Wirklichkeit tiefenscharf erfassen zu können. Durch die Schaffung von einzelnen Systemen kann das Individuum die Komplexität der Welt reduzieren, denn nicht alle Möglichkeiten dieser Welt geschehen in jedem System.[63] „Luhmann überwindet das Bestandsproblem, indem er die Konstitution und den Wandel von Systemen (und von Strukturen) ebenfalls mit Hilfe funktionaler Methoden analysiert. Nicht der Systembestand, sondern die Welt wird zur obersten Bezugseinheit der funktionalen Analyse erklärt."[64] Ein zentraler Schlüssel zur Gedankenwelt der Systemtheorie ist, dass Systeme immer durch ihr Verhältnis zur Umwelt bestimmt sind. Gleichzeitig hat jedes System auch immer eine Grenze zur restlichen Umwelt. Die Komplexitätsschranken dieses Differenzierungstyps liegen in der Notwendigkeit der Hierarchisierung der Ungleichheit. Jedes Teilsystem kann sich zwar dadurch, daß (sic!) sich selbst einer Hierarchie zuordnet, auf das Gesamtsystem beziehen; es kennt seinen Platz im Ganzen. Zugleich muß (sic!) es dabei jedoch seine innergesellschaftliche Umwelt im Verhältnis zu sich selbst als ungleich definieren, und zwar an Hand von übergreifenden Rangkriterien."[65]

Durch Kommunikation werden innerhalb der Gesellschaft immer wieder neue Einheiten (Subsysteme) gebildet. Sobald man über Geld kommuniziert, gehört das Individuum zum Subsystem Wirtschaft. Luhmann beschreibt das Teilsystem Wirtschaft bewusst durch unrichtige Kommunikationszusammenhänge. So will er das Funktionieren von Wirtschaft erklären: Niemand kann seinen Glauben oder wirkliche Liebe *kaufen*. Kommunikation über Produktionsprozesse oder über Marktabläufe funktionieren demgegenüber systemisch korrekt. Hier ist die klare Grenzlinie des Subsystems Wirtschaft zum System Gesellschaft und zu anderen Subsystemen.[66]

„Luhmann beschreibt Kommunikation als einen dreistelligen Selektionsprozess, der Information, Mitteilung und Verstehen miteinander kombiniert. (...) Eine Kommunikation liegt vor, wenn eine Informationsauswahl, eine Auswahl von mehreren Mitteilungsmöglichkeiten und eine Auswahl von mehre-

---

[63] Vgl. LUHMANN (1970), S. 76.
[64] NEER / NASSEHI (2000), S. 39.
[65] LUHMANN, (1980), S. 26.
[66] Vgl. LUHMANN (1990), S, 24.
      Luhmann steht mit seiner Beobachtungslehre in der Tradition der Erkenntnistheorie des Konstruktivismus. (Vgl. LUHMANN (1988)).

ren Verstehensmöglichkeiten getroffen wird. Es ist wichtig zu betonen, daß (sic!) von Kommunikation erst bei einer Synthese aller drei Selektionsleistungen gesprochen werden kann."[67]

Die Börse gilt als das Barometer der Wirtschaft. Entscheidungen in der Politik werden „empfindsam" aufgenommen. Was in der Politik ökonomisch sinnvoll erscheint, kann hier einen Erdrutsch auslösen. Sind die Verkaufserlöse der Unternehmen durch politische Auflagen aufgezehrt, machen die Betriebe pleite. So ist Arbeitslosigkeit eine Folge der politisch initiierten Krise. Dieses Risiko glaubt die Politik eingehen zu müssen, wenn sie versucht, auf die Wirtschaft Einfluss zu nehmen. Die Wirtschaft ist wie alle Subsysteme auch ein geschlossenes System, das nur über wenige Umweltfühler verfügt. In jedem System gelten eigene Spielregeln. Eine zentrale Steuerung, die die Subsysteme der Gesellschaft koordiniert, gibt es nicht. Insofern sind die beiden Subsysteme Politik und Wirtschaft durch Grenzen streng voneinander getrennt.[68]

Innerhalb des Teilsystems Wirtschaft hat sich ein eigenes Subsystem Banken etabliert. Durch Beobachtung von Handlungen sowie einer weltweit eigenen angelsächsisch geprägten Terminologie ist diese Ausdifferenzierung empirisch belegbar.[69] „Der Zusammenhang von Komplexität und Systemdifferenzierung soll (...) nicht als ein kontinuierlicher unlinearer Steigerungszusammenhang aufgefasst werden. Unsere inhaltliche Hypothese ist vielmehr, daß (sic!) die Komplexität, die ein Gesellschaftssystem erreichen kann, abhängt von der Form seiner Differenzierung."[70]

Das deutsche Bankensystem hat aber einen systemtheoretischen Webfehler. Indem in Deutschland auf der einen Seite Banken mit einem öffentlichen politischen Interesse und auf der anderen Seite sogenannte Geschäftsbanken existieren, verwischen die Grenzen zwischen den beiden Teilsystemen Politik und Banken.[71] (Vgl. Kapitel 3). Dadurch muss es nach Luhmann zu einer immanenten Instabilität des deutschen Bankensystems kommen.

---

[67] NEER / NASSEHI (2000), S. 81.
[68] Ein klarer Unterschied zwischen der Systemtheorie und der Philosophie. Obwohl Kant und auch Luhmann ihre Ansätze mit dem Konstruktivismus begründen, geht Kant von der individuellen Abhängigkeit zur Gesellschaft (und umgekehrt) aus. Luhmann separiert seine Teilsysteme mit den beteiligten Individuen komplett und spricht nur von wenigen Grenzerfahrungsmöglichkeiten.
[69] Vgl. LUHMANN (1988).
[70] LUHMANN (1980), S. 22.
[71] Systemische Grenzen zwischen Politik und Banken zeigen sich auch in der jüngsten Debatte zur Euro-Krise und zur Umschuldung von Griechenland. Kontraproduktiv wird dem Vorstandsvorsitzenden der Commerzbank AG, Martin Blessing" unterstellt, dass er im Auftrag der Politik die Euro-Krise interpretiert. „Andere mutmaßen, Bles-

Abb. 15: Webfehler im deutschen Bankensystem nach 2002

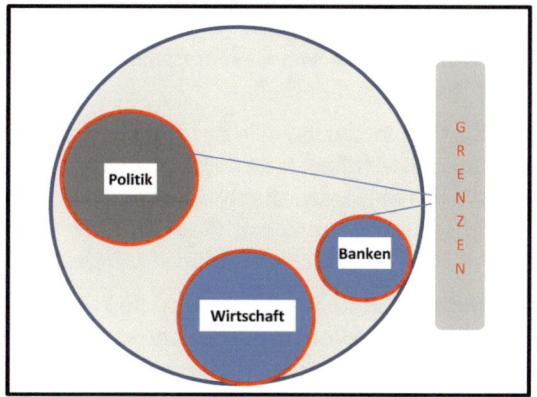

3.1.1 Abgrenzung zwischen deutschen Förder- und Geschäftsbanken

Systemtheoretisch kann es im globalen Teilsystem Banken keine politisch motivierten Förder- oder Landesbanken mehr geben. Im Beobachtungstheorem von Niklas Luhmann wird u. a. festgestellt, dass ein Merkmal von Systemzugehörigkeit gemeinsame Sprache sei. „Förderung" von gesellschaftlich relevanten Ideen ist ein politischer Begriff, der in dem Teilsystem Banken keinen Platz hat. Zumindest nicht mehr, seitdem sich die deutsche Bankenlandschaft – spätestens mit der Einführung des Euro Anfang 2002 – in ein globales Bankensystem einfügen musste und tradierte nationale Überschneidungen nicht mehr systemimmanent waren.[72]

Die Grenzüberschreitung zwischen den eigenständigen Teilsystemen „Politik" und „Banken" wird auch im § 3 der BayernLB-Satzung deutlich: „(2) Die Bank hat gleichrangig (a) den Freistaat Bayern als Hausbank bei der Erfüllung öffentlicher Aufgaben, insbesondere der Strukturförderungsaufgaben; zu unterstützen; (b) den Sparkassenverband Bayern (...), insbesondere (...), den Geldverkehr sowie finanz- und banktechnische Angelegenheiten des

---

sings Beitrag könnte sogar mit der Bundesregierung abgestimmt gewesen sein, da sie über den Bankenrettungsfonds Soffin größter Aktionär der Commerzbank ist. Dies sei nicht der Fall, wird in Blessings Umfeld glaubhaft versichert. Auch wenn die Commerzbank teilverstaatlicht sei, werde doch nicht in sie hineinregiert. Schon die Mutmaßungen aber müssen Blessing maßlos ärgern. Die tatsächliche und angebliche Einmischung der Bundesregierung in Belange der Bank – von der Deckelung des Gehalts der Vorstände bis hin zur Ausweitung der Unternehmenskredite in der Krise – gehen dem überzeugten Marktwirtschaftler auf die Nerven." (MUSSLER (2011)).

[72] Vgl. LUHMANN (1988).

Sparkassenverbandes Bayern, der Städte, Gemeinden, Landkreise sowie der sonstigen juristischen Personen des öffentlichen Rechts, insbesondere das Kommunalkreditgeschäft, zu besorgen."[73] Genauso fallen in den Sprachgebrauch der Politik kaum Begriffe, wie Gewinnmaximierung, Shareholder Value oder ABS (Asset Backed Securieties).

Dennoch haben politische Instanzen, wie der frühere Staatsekretär im Bundesfinanzministerium und Mitglied des Aufsichtsrats der IKB (IndustrieKredit Bank), die mit rund zehn Milliarden durch staatliche Institutionen vor einer Pleite gerettet werden musste, versucht, diese Begriffe konstruktivistisch / beobachtungstheoretisch grenzüberschreitend zu verwenden.

„Moderne Kapitalmarktgesetze helfen zudem den Banken, die ihr Geschäftsmodell allmählich auf ein aktives Management ihrer Portfolien umstellen. Vor dem Hintergrund dieser Entwicklung hat das Bundesfinanzministerium (BMF) in der Vergangenheit viele Initiativen ergriffen und an vielen Stellen den Kapitalmarkt modernisiert. Dabei war uns stets wichtig, dass sich auch der Markt für Asset Backed Securities (ABS) in Deutschland stärker als bislang entwickelt."[74] Auch die IKB (obwohl börsennotiert und damit formal den „Geschäftsbanken" zuzuordnen) fiel in den erweiterten Kreis von Förderbanken – spätestens seit der ersten Vergabe eines Globaldarlehens zur Förderung des deutschen Mittelstandes durch die staatliche Kreditanstalt für Wiederaufbau.[75]

Zusammenfassend lässt sich festhalten, dass bis zur Bankenkrise 2008 eine Grenzüberschreitung zwischen den Teilsystemen „Politik" (Mittelstandsförderung) und „Banken" stattgefunden hat. Gleichzeitig mussten sich die deutschen Banken im internationalen Teilsystem „Banken" behaupten, was nur durch Gewinnmargen funktionierte, die über Investmentprodukte erzielt wurden. Diese gewinnsteigernden Investmentprodukte wurden als „förderungsunterstützende Maßnahmen" verpackt.[76] Den internationalen Kapi-

---

[73]   STAATSANZEIGER (2008).

[74]   ASMUSSEN (2006).

[75]   „'Mit diesem Globaldarlehen wird erstmals unser angekündigtes Kombiprodukt von Globaldarlehen und Verbriefung zur Förderung des Mittelstandes praktisch umgesetzt', so der Sprecher des Vorstands der KfW, Hans W. Reich. Auch Dr. Alexander von Tippelskirch, Vorstandssprecher der IKB, bewertet dies sehr positiv: 'Wir betrachten dieses neue Produkt als einen Meilenstein in der Weiterentwicklung der Förderinstrumentarien für den deutschen Mittelstand.'" (DRÜCKE (2002)).

[76]   „IKB und KfW bereiten darüber hinaus derzeit unter Nutzung der KfW-Plattform PROMISE eine Verbriefung von inländischen Mittelstandskrediten in Höhe von EUR 3,6 Mrd. vor. Arrangeur der Transaktion ist die Deutsche Bank. Mit der IKB wurde bereits im Dezember 2000 im Rahmen der Transaktion PROMISE I 2000 ein Portfolio von Mittelstandskrediten über EUR 2,5 Mrd. verbrieft. Durch die Verbriefung der

talmarkt wiederum interessierten ausschließlich die Zahlen in den Jahresab-
schlüssen.

Abb. 16: Grenzverletzungen innerhalb des deutschen Bankensystems

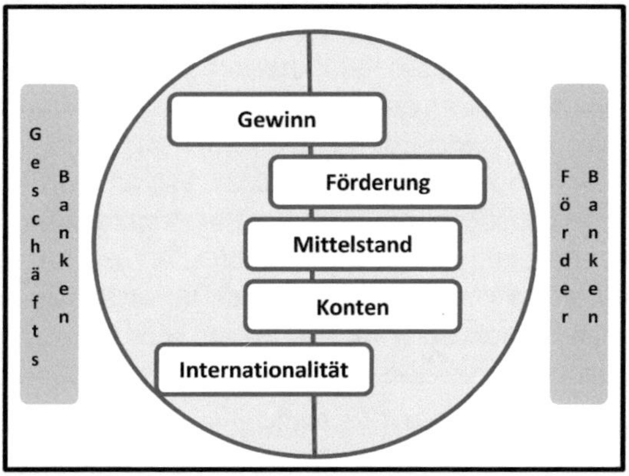

3.1.2 Verklärung des Wettbewerbsbegriffs

Die Untersuchung des Wettbewerbsbegriffs verfolgt zwei Stoßrichtungen.
Auf der einen Seite untersuchen wir im Folgenden den Wettbewerb unter
den deutschen Banken; hier insbesondere zwischen den öffentlich rechtli-
chen Instituten mit einem Förderauftrag und den Geschäftsbanken, die
einem Shareholder Value-Prinzip folgen; auf der anderen Seite gehen wir der
Frage nach, inwiefern die deutsche Bankenwelt im internationalen Vergleich
wettbewerbsfähig ist.

„Die finanzielle Beziehung zwischen dem öffentlichen Eigner und dem öffentlichen Kreditinstitut darf sich nicht von einer normalen wirtschaftlichen
Eigentümerbeziehung gemäß marktwirtschaftlichen Grundsätzen unterscheiden, so wie der zwischen einem privaten Anteilseigner und einem
Unternehmen in einer Gesellschaftsform mit beschränkter Haftung. (...) Die
öffentlichen Kreditinstitute werden den gleichen Regeln für den Insolvenzfall

---

Kreditportfolien werden die Kreditausfallrisiken am Markt platziert. Dies wiederum
hat eine Entlastung des Eigenkapitals der IKB zur Folge, so dass entsprechendes
Potenzial für die Vergabe neuer Mittelstandskredite geschaffen wird. Das nunmehr
gewährte Globaldarlehen unterstützt die IKB bei der Nutzung dieses Potenzials."
(Ebd.).

wie private Kreditinstitute unterworfen, ihre Gläubiger werden somit in ihrer Position denen privater Kreditinstitute gleichgestellt."[77]

Dieser Gesetzestext der Europäischen Kommission symbolisiert eine neue Ära in der deutschen Bankenlandschaft. Das Miteinander von Geschäftsbanken und öffentlichen Instituten, die einen Förderauftrag haben, wurde massiv gestört. Bis zum Jahr 2002 sind die Geschäftsbanken immer von einem Ungleichgewicht hinsichtlich der Refinanzierung in Richtung der Förderbanken ausgegangen. Nun waren die Förderbanken in der Situation, sich einem Wettbewerb unter marktwirtschaftlichen Grundsätzen stellen zu müssen, aber ohne dass sie von ihren Förderaufträgen befreit worden wären. „Hier wird von der Frage ausgegangen, wem die Beseitigung eines gesellschaftlichen Übels am besten zugemutet werden kann. Diese Interpretation schaut also in die Zukunft, und sie weist die Rolle des `Verursachers´ nicht aufgrund vorgegebener, quasi objektiver Tatbestände zu, sondern aufgrund des Kriteriums, welche Lösung für die Gesellschaft insgesamt am günstigsten ist."[78]

Es handelt sich um ein klassisches Nullsummenspiel der beiden Bankengruppen. „Ein Nullsummenspiel ist dadurch gekennzeichnet, daß (sic!) die Summe der Auszahlungen an alle Spieler für jede Kombination reiner Strategien Null ist. Diese Eigenschaft überträgt sich auf Erwartungsauszahlungen für Kombinationen gemischter Strategien. In einem Zwei-Personen-Nullsummenspiel ist der Gewinn des einen der Verlust des anderen."[79]

Beide Gruppen waren nicht auf die Implementierung in ein globales Bankensystem vorbereitet und dem daraus folgenden Wettbewerbsdruck, der einem angelsächsischen Marktmodell entsprach - sie waren weder vorbereitet auf die internationalen Ratings oder auf den Sprung vom „stakeholder value" zum „shareholder value". Internationale Ratings entschieden auf der Seite der Banken mit Förderauftrag zukünftig über die Kosten für eine Mittelaufnahme an den Kapitalmärkten.[80] Die „Spieler" hätten miteinander eine Kommunikation starten müssen, d. h. Ratingagenturen und Landesbanken

---

[77]   MONTI (2002).
[78]   HOMANN / LÜTGE (2005), S. 69.
[79]   SELTEN (2001), S. 6.
[80]   „Die zu erwartenden Rating-Herabstufungen mussten sich aus damaliger Sicht in einer teilweise sehr deutlichen Erhöhung der Refinanzierungskosten niederschlagen. (...) Die Landesbanken haben deshalb innerhalb der vierjährigen Übergangszeit vom 19.07.2001 bis 18.07.2005 sowohl ihren Refinanzierungsmix umgestellt als auch entsprechende Liquiditätsvorsorge betrieben. Die zu erwartenden Rating-Herabstufungen mussten sich aus damaliger Sicht in einer teilweise sehr deutlichen Erhöhung der Refinanzierungskosten niederschlagen. (...) Die Landesbanken haben deshalb (...) sowohl ihren Refinanzierungsmix umgestellt als auch entsprechende Liquiditätsvorsorge betrieben." (SCHLOSSMACHER (2010)).

hätten gemeinsam nach einem System suchen müssen, das den reinen Marktgegebenheiten gerecht wird, dennoch aber die Sonderstellungen der Landesbanken als Förderbanken mit berücksichtigt. „Zu den Einsichten der Spieltheorie gehört, dass es in bestimmten Situationen durchaus für alle Beteiligten vorteilhaft sein kann, statt der <Planung aller gegen alle> Kooperationsstrategien ins Auge zu fassen."[81] Aktienkurse sind die offensichtliche Kenngröße, neben der Bilanzsumme, ob ein Institut zum Übernahmekandidaten mutieren kann.[82] So lässt sich ein Wettbewerb unter den deutschen Banken nationalisieren – aufgrund einer Inkonsistenz des deutschen Bankensystems – und eben auch internationalisieren – aufgrund einheitlicher Maßstäbe, die nicht auf das deutsche Bankensystem bisher angewendet wurden, sowie die daraus folgenden Marktopportunitäten.

Abb. 17: Zwei Fronten Wettbewerb

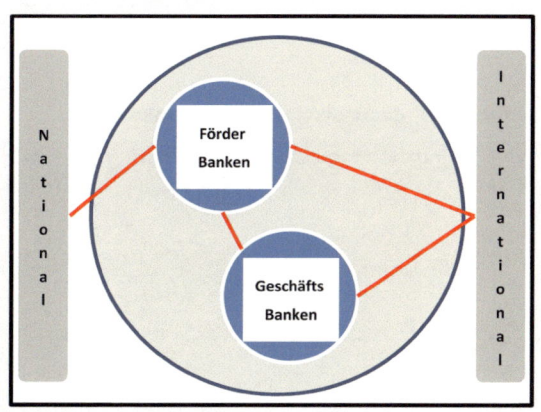

---

[81]   ULRICH (1998), S. 84.

[82]   Im Jahr 2005 wird der Commerzbank Angst vor den eigenen Gewinnprognosen und den damit verbundenen Spekulationen, dass ein internationaler Mitbewerber das Haus kaufen könnte. Deswegen versucht sie dies mit einer Erhöhung der Bilanzsumme zu verhindern, auch unter dem Risiko eines Klumpenrisikos. Mit der Übernahme würde die Commerzbank ihre Bilanzsumme auf einen Schlag um mehr als die Hälfte auf etwa 700 Mrd. Euro steigern und den Abstand zu Branchenprimus Deutsche Bank deutlich verringern. (...) Mit einem Kauf der Eurohypo würde sich die Commerzbank eines der seltenen Übernahmeziele in Deutschland, sichern wo die Konsolidierung des Finanzsektors im europäischen Vergleich seit Jahren nur schleppend voranschreitet. Zugleich kann sich die Commerzbank so gegen eine eigene feindliche Übernahme wappnen, weil sie deutlich an Größe gewönne. Seit Jahren wird darüber spekuliert, dass die Commerzbank aufgekauft werden könne; mittlerweile sind fast alle europäischen Großbanken schon einmal als Interessenten genannt worden." (BASTIAN (2005)).

3.2 Konsequenzen der freien Märkte für die Förderbanken

Historisch waren für die Landes- oder Förderbanken die niedrigen Refinanzierungskosten ein wichtiger Grundpfeiler ihres Geschäftsmodells. Nur so
war es ihnen möglich, Kredite mit „Kampfkonditionen" – unter der Berück-
sichtigung ihres Auftrages –, in den Markt zu bringen. „Das alte Geschäftsmodell der Landesbanken beruhte maßgeblich auf ihrem hervorragenden
Rating. Das war letztlich ein Stück geliehene Bonität. Jetzt kommt es darauf
an, dass die Landesbanken Geschäftsmodelle umsetzen, die aus sich heraus
tragfähig sind."[83] Es gab aber seitens der EU-Kommission einen zeitlichen
Aufschub. Nicht ab 2002 fielen die Gewährträgerhaftungen weg, sondern
erst ab Juli 2005. Mit dem Wegfall der Garantien war davon auszugehen,
dass sich auch die Ratings der Landesbanken deutlich verschlechterten und
es zu einer Erhöhung der Refinanzierungskosten kommen musste. In der
Übergangszeit stellte die Ratingagentur Standard & Poor's sogenannte
„Schatten-Ratings" zur Verfügung.

Abb. 18: „Schatten-Ratings" der deutschen Landesbanken[84]

	Rating mit Staats-garantien	Schatten-Rating (Juli 2004)	Schatten-Rating alt (November 2003)
LBBW	AAA	A+	A+
Helaba	AAA+	A	A
HSH Nordbank	AAA-	A	A
Bayern LB	AAA	A-	BBB+
LB Rheinland-Pfalz	AA	A-	BBB
Sachsen LB	AA	BBB+	BBB
West LB	AA	BBB+	BBB

Auf „Schatten-Ratings" verzichteten die nicht aufgeführten Landesbanken
Landesbank Saar, Bremer Landesbank, Norddeutsche Landesbank und Landesbank Berlin.[85]

---

[83] WITTKOWSKI (2005).

[84] WEIS (2004), S. 16.

[85] „Als völlig unverantwortlich und unseriös bezeichnet der Hauptgeschäftsführer des
      Bundesverbandes Öffentlicher Banken Deutschlands, VÖB, Karl-Heinz Boos, die von
      der Ratingagentur Standard&Poor's (S&P) zur Veröffentlichung vorgesehenen Ra-
      tings für nicht garantierte Verbindlichkeiten der Landesbanken. Der Verband sieht
      durch die frühzeitige Veröffentlichung solcher fiktiven Ratings die Gefahr einer er-
      heblichen Verunsicherung der Märkte und der Investoren und damit letztlich eine un-

Die oben aufgeführten Verschlechterungen im Rating bedeuteten für die jeweilige Landesbank (je nach Volumen) jährlich höhere Refinanzierungskosten zwischen 500 Millionen Euro bis zu 1,3 Milliarden Euro. „Bei einem Zielrating von A+ ergäben sich für die Bank ca. 800 Millionen Euro höhere Refinanzierungskosten, bei einem schlechteren Rating sogar ca. 2 Mrd. Euro."[86] Damit waren die bisherigen Geschäftsmodelle und auch die ausschließliche Verankerung als „Förderbank" oder Zentralinstitut der Sparkassen nicht mehr tragfähig. Dies hatte auch sofortige Auswirkungen auf die Gewinnsituation und die Gewinnabführungen an die Eigner, die Sparkassen und das jeweilige Bundesland. Zusätzlich war mit einem intensiveren Wettbewerb um Refinanzierungen auch zwischen den Landesbanken zu rechnen, die bisher auf ein Rating ähnlich dem der Bundesrepublik Deutschland zurückgreifen konnten. „Der Wegfall von Anstaltslast und Gewährträgerhaftung beeinflusse nicht nur die Refinanzierung (Kosten- und Liquiditätsproblematik). Er bedeute auch ein breiteres und differenzierteres (z.T. spezialisiertes) Mitbewerber-Umfeld als im geschützten AAA-Segment sowie eine temporäre Verschärfung des Preiswettbewerbs unter den öffentlich-rechtlichen Kreditinstituten (insbesondere den Landesbanken) wegen der zu erwartenden Rating-Differenzierungen. (...) Aus Sicht der Rating-Agenturen sei das AAA-Rating in der Vergangenheit stark ausgenutzt worden, ohne dass ein stabiler Kundenstamm aufgebaut worden sei."[87]

3.3 Selbstbehauptung im Wettbewerb

Für die deutschen Landes- oder auch Förderbanken konnte es von Anfang an nicht um die Selbstbehauptung im Wettbewerb gehen, denn sie durften – geregelt durch die engen Fesseln der Gesetzgebung – überhaupt nicht an dem Wettbewerb innerhalb des Bankensystems teilnehmen. Vorgaben schränkten ihre Geschäftstätigkeit ein. Auf der einen Seite sind die länderhoheitlichen Sparkassengesetze, die verhindern, dass Landesbanken ein Einlagengeschäft machen können. Sie dürfen Endkunden ausschließlich im Auf-

---

zulässige Marktbeeinflussung durch S&P. Sofern Märkte und Investoren nicht genau zwischen bestehenden Ratings für garantierte Verbindlichkeiten und fiktiven Ratings für nicht garantierte Verbindlichkeiten differenzierten, könnten den betroffenen Banken durch die Veröffentlichung fiktiver Ratings erheblicher Schaden entstehen. (...)Boos forderte die Politik auf, die Praktiken von Ratingagenturen einer Aufsicht zu unterstellen. Es könne nicht sein, dass durch die Geschäfts- und Interessenpolitik einer Ratingagentur missverständliche Meldungen in die Öffentlichkeit geraten, die die Märkte verunsichern und die betroffenen Unternehmen in erhebliche Schwierigkeiten bringen können, sagte Boos." (RABE (2003)).

[86] SCHMIDT (2002), S. 4.
[87] SCHLOSSMACHER (2010).

trag ihrer Anteilseigner, der Sparkassen, ansprechen. Auf der anderen Seite sind internationale Anforderungen, die das Rating der Landesbanken bestimmen.[88] Plötzlich steht das Eigenkapital einer Bank nach Basel II im Vordergrund und nicht mehr die Sicherheit, die durch staatliche Garantien gegeben war. Ratings bemessen sich damit nach banksystemischen Grundsätzen. Die von Luhmann beschriebene Grenze zwischen den Teilsystemen Politik und Banken wird mit einem Schlag aufgebaut.[89] Damit war auch der Nutzen für die Anteilseigner (öffentlich-rechtlich = von Politik gesteuert) in Frage gestellt. Landesbanken hatten nicht nur einen Förderauftrag zu erfüllen, sondern sollten auch noch eine hohe Rendite für die jeweils beteiligten Bundesländer und die Sparkassen erbringen. Gewinne, mit denen beide Shareholder fest rechneten.

Als Übergangslösung – ohne neues Geschäftsmodell – entdeckten die Landesbanken das sogenannte „Grandfathering". Es wurde ihnen durch die EU-Kommission erlaubt, eine Vorratsliquidität aufzubauen, die bis ins Jahr 2015 reichen konnte. Konkret hieß das, dass die Landesbanken bis Juli 2005 mit ihrem AAA-Rating einen Liquiditätsüberschuss auf den globalen Märkten einwerben, den sie dann für eine Kreditvergabe zur Aufrechterhaltung ihres alten Geschäftsmodells bis 2015 verwenden konnten.[90] „Die Übergangsfrist war von deutscher Seite gezielt in die Brüsseler Konkordanz hinein verhandelt worden, um den öffentlich-rechtlichen Kreditinstituten Raum für die notwendigen Strukturveränderungen zu geben."[91]

Die Einigung zwischen der Deutschen Bundesregierung und den beteiligten Bundesländern mit der EU ging sogar noch einen Schritt weiter: „Grand-

---

[88] Förderbanken – wie heute nur noch die Kreditanstalt für Wiederaufbau – geben als Hauptkennzahl die Bilanzsumme aus. Denn darüber beweisen sie der Öffentlichkeit und den Anteilseignern, dass sie ihrer Aufgabe nachkommen. Durch die Aufnahme von „Globals" zu AAA-Konditionen, ist dann der Gewinn automatisch gegeben. „Die KfW Bankengruppe hat im Jahr 2010 Wirtschaft, Umwelt, Wohnen und Bildung in Deutschland sowie weltweit mit 81,4 Mrd. EUR (Vorjahr: 63,9 Mrd. EUR, +27 %) gefördert. Dieses Förderengagement trug wesentlich dazu bei, die Auswirkungen der Wirtschafts- und Finanzkrise auf die 5 Unternehmen abzufedern, und gab Rückenwind für die konjunkturelle Erholung in Deutschland. Das leicht gestiegene Betriebsergebnis vor Bewertungen liegt mit 2.302 Mio. EUR (Vorjahr: 2.198 Mio. EUR) stabil auf hohem Niveau. (...) Die wesentliche Ertragsquelle stellt bei weiterhin hohen Zinsverbilligungsleistungen im Förderkreditgeschäft von 558 Mio. EUR der Zinsüberschuss dar, der sich 30 auf 2.752 Mio. EUR (Vorjahr: 2.654 Mio. EUR) verbessert hat. Die KfW hat hier unverändert von ihrer erstklassigen Bonität und den sehr günstigen Refinanzierungskonditionen profitiert." (HELBIG (2011)).
[89] Vgl. LUHMANN (1980), S. 22.
[90] Vgl. MONTI (2011).
[91] SCHLOSSMACHER (2010).

fathering" sollte in den entsprechenden Sparkassengesetzen verankert werden. „Die folgenden Bestimmungen haben im Gesetzestext und entsprechende Erklärungen in den Gesetzesbegründungen zu erscheinen: Die Träger der Sparkassen und der Landesbank haften für die Erfüllung sämtlicher zu diesem Zeitpunkt bestehenden Verbindlichkeiten des jeweiligen Instituts. Für solche Verbindlichkeiten, die bis zum 18. Juli 2001 vereinbart waren, gilt dies zeitlich unbegrenzt; für danach bis zum 18. Juli 2005 vereinbarte Verbindlichkeiten nur, wenn deren Laufzeit nicht über den 31. Dezember 2015 hinausgeht."[92]

Eine Selbstbehauptung im globalen Bankensystem ist somit nicht mehr der Geschäftszweck der deutschen Landesbanken. „Grandfathering" ist ein klassisches „Risiko-Leveraging", um ein „weiter so" zu erreichen. „Wir können zwischen dem Regelbefolgungsmodell und dem Regeletablierungsmodell unterscheiden. (...) Die erste und zweite Interpretation des Verursacherprinzips versuchten, auch die Regeletablierung letztlich handlungstheoretisch, d. h. aus einer 'gegebenen' Objektivität heraus anzugehen. Der Fortschritt der dritten Interpretation ist darin zu sehen, dass hier normativ nichts vorgegeben ist, dass vielmehr die Regeln auf eine soziale Festlegung begründet werden."[93]

Abb. 19: „Grandfathering" verhindert EU-Ziele

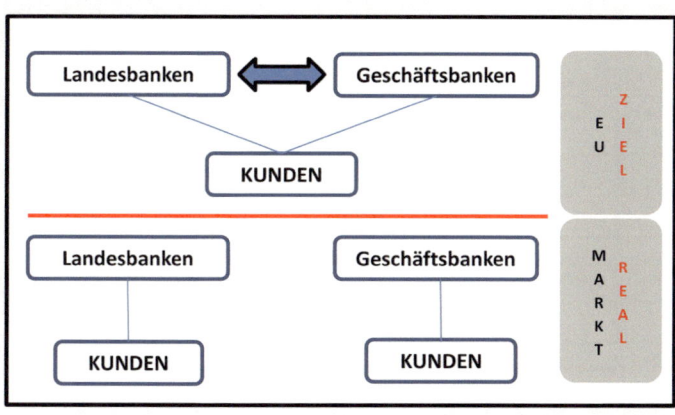

[92] EU (2002).
[93] HOMANN / LÜTGE (2005), S. 71.

3.4 Informationsdefizite als gewollte Einschränkung der Rationalität

Wie in Abb. 18 dargestellt, existierten bei allen Landesbanken in den Jahren 2003 und 2004 rationale Erwartungen, dass das Rating sich verschlechtern würde. Gleichzeitig hatten die Unternehmenslenker ein Informationsdefizit, denn man war auf Schattenratings, d. h. auf „fundierte Vermutungen" angewiesen. Deswegen basierten die Entscheidungsfindungen für ein zukünftiges Geschäftsmodell auf Unsicherheit. Die Landesbanken stießen auf Barrieren, die sie nicht überwinden konnten. Sie hatten Prognosen zu treffen, wie sich das bisherige Geschäftsmodell entwickelt, ohne über ein entsprechend belastbares Datenfundament zu verfügen. Denn auch der Akteur „Rating-Agentur" hatte ein wirtschaftliches Interesse an der Erstellung eines Schattenratings. Diese Ratings wurden von den Landesbanken in Auftrag gegeben und wurden von ihnen bezahlt. Weiterhin implementierten die Rating-Agenturen ein weiteres Geschäftsmodell bei den Landesbanken: Beratung. Mit dem Wissen der Eckpfeiler eines Ratings, wurden den Landesbanken Controlling-Mechanismen angeboten, die verhindern sollten, dass sich das „schlechte" Schatten-Rating bewahrheitete.

Abb. 20: Auswirkung von rationalen Erwartungen auf das Business Modell

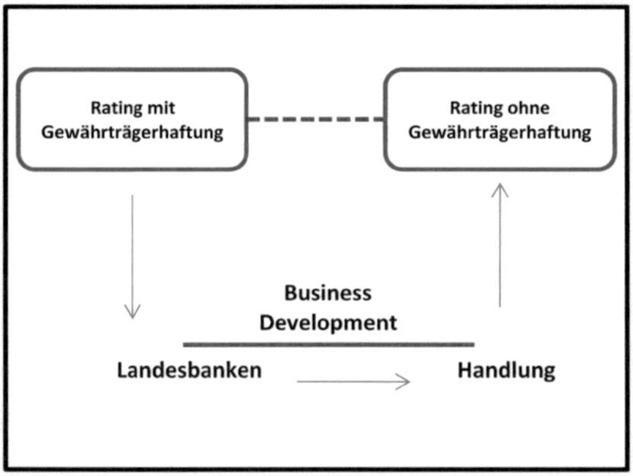

Die Landesbanken (bis 2005) verfügten ausschließlich über Informationen ihres spezifischen Marktes (Förderbank und Zentralinstitut für Sparkassen). Es war nicht relevant, sich mit Ratings und den entsprechenden Business Models von Rating Agenturen zu beschäftigen. „Für eine akteurtheoretisch ansetzende, dem methodologischen Individualismus verpflichtete Organisationssoziologie läuft dies darauf hinaus, ein funktionales Bezugsproblem zu identifizieren, das sich individuellen Akteuren bei ihrem handelnden Zusammenwirken oft genug so stellt, dass es ihnen die Schaffung und Erhaltung von Organisationen nahe legt."[94] Die Landesbanken fokussierten sich in ihren Überlegungen darauf, den status quo zu erhalten, und konnten aufgrund der nun vollzogenen systemtheoretischen Abgrenzung zum Teilsystem Politik auch keine Unterstützung mehr erwarten, denn die gemeinsame Kommunikationsbasis als konstruktivistische Realität fehlte. (vgl. Kapitel 3.1).

In dem Findungsprozess der Landesbanken ist somit eine Transintentionalität aufgetreten. „Handlungsketten können transintentional ausfallen (sic!). Solche Ketten können soziale Prozesse seines, also etwa auf sich selbst erfüllende Prophezeiungen beruhenden Eigendynamiken. (...) Handlungsketten können aber auch auf `Cournot Dynamiken´ beruhen, also einem koinzidenziellen Zusammenwirken verschiedener Handlungsstränge."[95]

Häufig tritt Transintentionalität auf, wenn Situationsveränderungen aufgrund von Informationsdefiziten oder Irrtümern zu Fehleinschätzungen der Akteure führen.

Abb. 21: Transintentionalität in der Strategieentwicklung

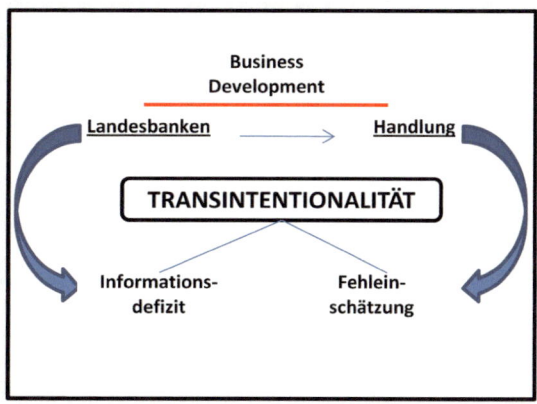

---

[94] ALLMENDINGER / HINZ (2002), S. 30.
[95] GRESHOFF / KNEER / SCHIMANK (2003), S. 441.

4. Ausgangslage der BayernLB ab dem Jahr 2001

Infolge des Wegfalls der Gewährträgerhaftung[96] wurden Rating-Herab-stufungen durch die Agenturen um bis zu sechs Stufen erwartet. Das Schat-ten-Rating der BayernLB wies zum November 2003 „BBB+" (Lower Medium grade) und im Juli 2007 „A-" (Upper Medium grade) aus. (Vgl. Abb. 18.) Das wäre eine Reduktion um sieben („BBB+") bzw. sechs Stufen („A-") gewesen – ausgehend vom „AAA"-Rating (Prime) mit Gewährträgerhaftung.

Das Rating von Standard & Poor's drückt aus, mit welcher Wahrscheinlich-keit ein Unternehmen seinen Kapitaldienst (Schulden) aus seinen eigenen Gewinnen bedienen kann. „Die BayernLB hat sich angabegemäß vor dem Wegfall der Gewährträgerhaftung im Kapitalmarktbereich ungefähr zu null, d. h. ohne Aufschlag, refinanziert, im Geldmarktbereich sogar zu -15 Basis-punkten refinanziert (sic!), d. h. mit einem deutlichen Abschlag zu den Swap-Sätzen."[97]

Für die neue Strategie der BayernLB war das externe Schatten-Rating die Basis. Zukünftig wollte sich die Landesbank als Whole-Sale Institut[98] in Bay-ern und Österreich aufstellen. „Am 02.12.2002 beriet auch die Generalver-sammlung über die Strategie und Struktur der BayernLB. (…) Zielsetzung der Bank müsse ein zukunftsfähiges externes Rating sein, wobei ein Emit-tenten-Rating unterhalb A+ wegen des Werteverzehrs äußerst problema-tisch sei."[99] Da das Institut aber über keine eigenen Aktivitäten im Einlagen-geschäft verfügen durfte[100], musste die gesamte Mittelaufnahme kurzfristig zu extrem guten Konditionen auf dem internationalen Markt geschehen. Hier nutzte die Bank das sogenannte „Grandfathering", also die Mittelauf-nahme bis in den Juli 2005, mit einer Laufzeit bis Mitte 2015 zum „AAA"-

---

[96]   Vgl. EU (2002).
[97]   SCHLOSSMACHER (2010).
[98]   Diese Geschäftsstrategie wurde 2005 durch die EU-Wettbewerbskommission ge-nehmigt: "BayernLB operates as an international wholesale bank active in the area of investment and commercial banking and focusing on the core market in Bavaria and neighbouring regions. Given its ownership structure BayernLB also functions as the principal bank of the Free State of Bavaria and as the central clearing institution of the Bavarian savings banks. BayernLB claims to be one of the leading issuers of bonds in Germany. BayernLB target customers are the Free State of Bavaria and municipal authorities, savings banks, multinational groups, domestic firms, private and com-mercial real-estate developers, institutional customers and financial institutions. BayernLB maintains LABO (an instrument for the housing policy of the Free State of Bavaria) and Landesbausparkasse Bayern ("LBS", the Bavarian home loan and sav-ings bank) as legally independent institutions." (KROES (2005)).
[99]   Ebd.
[100] Vgl. STAATSANZEIGER (2008).

Rating, was mit Hilfe der Gewährträgerhaftung erreicht werden konnte. Insgesamt wurde ein „strategischer Liquiditätsaufbau" von 33 Mrd. Euro international eingeworben.

Mit diesen 33 Mrd. wollte die BayernLB sich von 2005 bis 2015 gegenüber den Geschäftsbanken in ihren strategischen Kernregionen etablieren und so mit vergleichbaren Konditionen – wie noch mit Gewährträgerhaftung – einem möglichen Kundenschwund vorbeugen.[101] Zu den bestandgeschützten Verbindlichkeiten der BayernLB gehören Verbindlichkeiten, die bis zum 18.07.2001, sowie eben Verbindlichkeiten, die zwischen dem 18.07.2001 und dem 18.07.2005 begründet worden waren, und deren Laufzeit nicht über den 31.12.2015 hinausgeht.

Abb. 22: Ratings für die bestandsgeschützten Verbindlichkeiten der BayernLB:

	Fitch Ratings	Moody´s
Langfristiges Emittentenrating	AAA	Aaa
Ausblick	stabil	stabil
Kurzfrist-Rating	F1+	P-1
Nachrang	AAA	Aaa
Hypothekenpfandbriefe	AAA	Aaa
Öffentliche Pfandbriefe	AAA	Aaa

102

Ein intensiver Wettbewerb zwingt Unternehmen dazu, dass sie sich einem scheinbaren Sachzwang komplett unterwerfen. Ohne Rücksicht auf andere gesellschaftliche Akteure versuchen sie, ihre eigenen ökonomischen Interessen zu verfolgen, um den Profit zu maximieren.[103] „In einer Vorlage zur Vorstandssitzung am 26.7.2005 (Nutzung des Strategischen Liquiditätsvorrats der BayernLB nach dem 18.07.2005) wurde der Nettobarwert des Portfolios – und damit der rechnerische Finanzierungsvorteil des Strategischen Liquiditätsvorrats – zunächst auf 201 Mio. Euro geschätzt."[104]

Dieser Nettobarwert sollte helfen, die Gewinnsituation der Bank zu verbessern, um damit ein Rating zu schaffen, womit eine Mittelaufnahme zu wettbewerbsfähigen Konditionen nach 2015 sicher zu stellen ist. Die Liquiditätsbevorratung entsprach den gesetzlichen Rahmenbedingungen, die in Brüssel für die Landesbanken erstellt worden waren. Dennoch zeigt der Beschluss,

---

[101] Vgl. SCHLOSSMACHER (2010).
[102] GESCHÄFTSBERICHT (2006).
[103] Vgl. ULRICH (1998), S. 162–163.
[104] SCHLOSSMACHER (2010).

dass kein „Interesse an legitimem Handeln"[105] die Voraussetzung war, sondern ausschließlich ein eigenes Existenzinteresse, ohne Rücksicht auf die gesellschaftlichen normativen Leitplanken.

„Die Private Verfolgung von Einzel- oder Sonderinteressen wird unter die selbstauferlegte normative Bedingung ihrer Legitimität gestellt, d. h. ihrer Berechtigung unter dem Gesichtspunkt der Wahrung der Würde und der unantastbaren moralischen Rechte jeder betroffenen Person."[106]

Abb. 23: Geschäftsmodell der BayernLB nach 2005 bis 2015

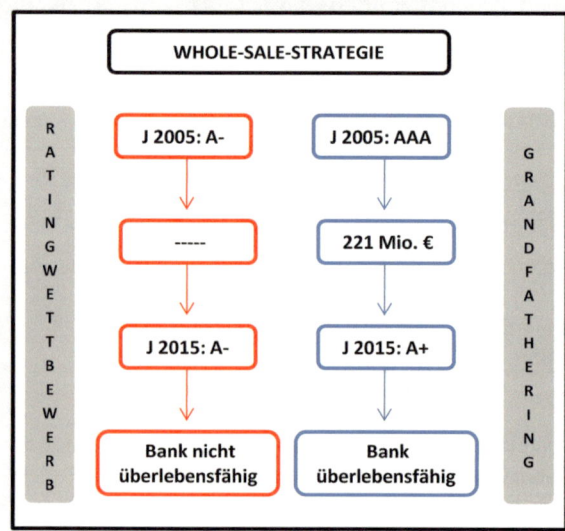

Das „Grandfathering" war schon 2005 eine umstrittene Vorgehensweise, die keine kurzfristige Gleichstellung zwischen Geschäfts- und Landesbanken herbeiführen konnte. Die Landesbanken konzentrierten sich – mit Hilfe ihrer Verwaltungsräte und den darin funktional vertretenen Politikern – in dem Zeitraum von 2002 bis 2005 nicht auf die Entwicklung von marktgerechten Geschäftsmodellen; stattdessen wurden erfolgreich Nischen gefunden, um ein politisch opportunes Geschäft fortzusetzen. „Die Landesbanken sind angesichts der vielen offenen Fragen sicherlich gut beraten, sich auf die veränderten Umstände einzustellen, statt darüber nachzudenken, mit welchen

---

[105] ULRICH (1998), S.85.
[106] Ebd.

Formen der Grandfathering-Arbitrage sie die Abschaffung der Staatshaftung aushebeln könnten."[107]

4.1 Transformationsproblematik: Kurzfristige Erfolgssysteme versus langfristigen Erfolg

Beim Übergang der BayernLB im Juni 2005 vom „Schatten-Rating" zum offiziellen Rating zeigten sich die Folgen einer Transintentionalität. (vgl. Kapitel 3.4.) Durch Informationsdefizite über ein tatsächliches Rating kam es zu einer Fehleinschätzung über die Marktfähigkeit der Bank ohne „Grandfathering". Aber die prognostizierten deutlich höheren Refinanzierungskosten auf den internationalen Kaptalmärkten blieben aus. Die BayernLB konnte weiter auf günstige Spreads setzen.

„Ein Vergleich der Landesbanken-Refinanzierung aus der Zeit vor und nach dem Wegfall der Gewährträgerhaftung führte zu dem Ergebnis, dass die Landesbanken für Senior-Bonds im fünf- bis siebenjährigen Laufzeitbereich nunmehr einen Spread von etwa 10 Basispunkten zahlen mussten, gegenüber 0 Basispunkten zu Zeiten der Gewährträgerhaftung."[108] Bei den nachrangigen Anleihen lag der Spread bei 20 Basispunkten – statt wie bis zum Jahr 2005 sich mit 10 Basispunkten Aufschlag zu refinanzieren, wurden nun 30 Basispunkte verlangt. Dementsprechend belief sich der Aufschlag je nach Seniorität des Bonds zwischen 10 und 20 Basispunkten gegenüber einer Refinanzierung mit Gewährträgerhaftung.[109]

Nichtsdestotrotz war sich die BayernLB nicht über die weitere Entwicklung auf dem Refinanzierungsmarkt sicher. Denn anhand der möglichen Gewinnsituation der Bank existierten immer noch die vorher vergebenen „Schatten-Ratings" von Standard & Poors, die zu einer eingeschränkten Wahrnehmung der Rationalität durch das Managment führten. „Die operative Geschäftstätigkeit der Bank und nicht zuletzt die Notwendigkeit, als Emittent visibel zu bleiben, erfordern ein kontinuierliches Funding. Dank des gebildeten Vorrats an Deckungsmassen sind wir in der komfortablen Lage, die benötigten Mittel weitestgehend mit Pfandbriefemissionen darstellen zu können. Ungedeckte Emissionen erfolgen derzeit eher zur Abrundung und Wahrnehmung von Opportunitäten."[110]

Selbst anderthalb Jahre nach der „Öffnung" des Bankenmarktes für Landesbanken war sich der Chief Financial Officer der der BayernLB, Michael Kem-

---

[107] Johannsen (2005).
[108] SCHLOSSMACHER (2010).
[109] Vgl. ebd.
[110] KEMMER (2007).

mer, noch nicht letztendlich sicher, ob die Bank auf den durch das „Grandfathering" erworbenen Liquiditätsvorrat zurückgreifen müsste, wenn die Ka-
pitalmärkte und die Rating Agenturen der vorher geschaffenen Realität folgen würden. Hierbei wurde das „Jetzt und Heute" zugunsten von „Gestern
und Morgen" in den internen Strategieplanungen komplett ausgeblendet.
Extern wurde das „Grandfathering" nicht thematisiert, sondern das positive
Abschneiden des Ratings im Zusammenhang mit einer ausgezeichneten
Marktstrategie kommentiert.

„Ungarantierte Langfrist-Ratings bestätigen den Kurs. Nicht zuletzt aufgrund der geschäftspolitischen Neuausrichtung (...) erhielt die BayernLB im
Jahr 2005 ein gutes Rating. Die veröffentlichten langfristigen, ungarantier-
ten Ratings von Standard & Poor's (A), Moody's (Aa 2) und FitchRatings (A +)
sind eine Bestätigung für die Neuausrichtung der BayernLB. Diese Ratings
dokumentieren, dass die Bank für die Zeit nach dem Wegfall der Garantien
bereits gut positioniert ist. Gleichwohl ist es erklärtes Ziel, auch bei Standard
& Poor's mittelfristig ein Rating von mindestens A + zu erreichen."[111] Die
Wirklichkeit wird nicht wahrgenommen, sondern mit einer geschaffenen
Wirklichkeit, die auf Informationsdefiziten basiert, ersetzt. (vgl. Kapitel 3.4.)

„Ausweislich der durch den Bereich (...) erstellten Tischunterlage fand der
Strategische Liquiditätsvorrat (...) keine Verwendung, aus folgenden Gründen:

- zu geringer Umfang des ungedeckten Kreditersatz- und Neugeschäfts

- insgesamt rückläufiges Volumen des Kreditbestands

---

[111] GESCHÄFTSBERICHT (2005), S. 32.
Der einzige Hinweis auf die erhöhte Kapitalaufnahme findet sich im Geschäftsbericht
der BayernLB aus dem Jahr 2003: „Um zukünftigen Liquiditätsrisiken und höheren
Refinanzierungskosten nach dem Wegfall von Gewährträgerhaftung und Anstaltslast
vorzubeugen, wurde eine Bevorratungsstrategie für lang laufende Passivmittel im-
plementiert. Mit dieser Bevorratungsstrategie sichert sich die Bank nach dem Wegfall
der Haftungsgrundlagen im Juli 2005 den Zugang zu einer jederzeit ausreichenden
Liquidität entsprechend den geplanten Geschäftsaktivitäten." (GESCHÄFTSBERICHT
(2003), S. 43.) Ganz anders bewertet die EU-Kommission, das bessere Rating der
BayernLB. Sie führt diese Verbesserung explizit auf die Eigenkapitalerhöhungen zurück, die die beiden Anteilseigner vorgenommen haben. "Standard & Poor's rating
report dating from July 2004 had identified the moderate capitalization among one of
the weaknesses for an improved rating. As BayernLB made significant progress in
2004 as regards the other identified weaknesses through its strategic repositioning
and risk downsizing, the strengthening of the capital basis remained the major re-
quirement for an improved rating. In July 2005 Standard & Poor's raised to A from A-
the unguaranteed rating of BayernLB, already taking into account the capital increase." (KROES (2005)).

- struktureller Passivvorlauf im Asset-Libility-Management, der v.a. zur Refinanzierung von Kreditprolongaten eingesetzt wurde

- begrenzte alternative Anlagemöglichkeiten aufgrund historisch niedriger Kreditspreads."[112]

Im Sinne eines gerechten Zusammenlebens einzelner Institutionen innerhalb eines Systems, war die Liquiditätsbevorratung zum alleinigen Zweck der Existenzerhaltung nicht legitim. Eine Handlung, die diesen Zweck nun nicht mehr verfolgt, verstößt gegen die moralischen Rechte aller Betroffenen[113]; in diesem Fall: gegen die anderen Landesbanken, gegen die Geschäftsbanken, gegen die Kreditgeber und letztendlich gegen den bayerischen Bürger, der entgegen der Politik (Vertretung im Verwaltungsrat) über diese Geschäfte im Unklaren gelassen wurde.

Abb. 24: Funding für die selbstgeschaffene Realität

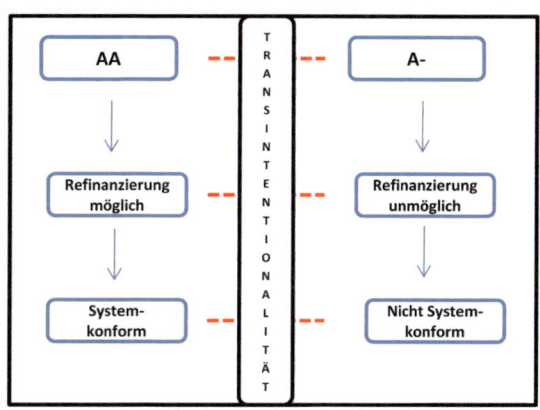

Aus diesem Grund wurde der aufgebaute Liquiditätsvorrat nicht den Marktabteilungen zur Verfügung gestellt, sondern weiter in New York in einem Bereich, der dem Gesamtvorstand zugeordnet war, verwaltet. Problem waren aber die für die Bereitstellung der 33 Mrd. Euro anfallenden Gebühren / Kosten. Wenn diese Gelder nicht genutzt werden, um damit ein Geschäft zu generieren, sie aber auch nicht wieder zurückgeführt werden können, weil sie vielleicht noch benötigt werden, wie können sich diese Gelder selbst finanzieren?

---

[112] SCHLOSSMACHER (2010).
[113] Vgl. ULLRICH (1998), S. 235.

Aus den Geschäftsberichten 2001 bis 2006 lässt sich das nicht direkt ablei-ten.[114] Aber es gibt drei Kennzahlen, die sich in einen Zusammenhang set-zen lassen. Das „operative Ergebnis" im Verhältnis zu der Addition von „Zinsüberschuss, Provisionsüberschuss, Verwaltungsaufwendungen und zu dem Nettoergebnis aus Finanzgeschäften" sowie der „Eigenkapitalrentabili-tät".

Ende des Jahres 2001 hatte die BayernLB eine Eigenkapitalrentabilität von 4,9% – eine durchschnittliche Rentabilität für eine Förderbank – für das Jahr 2006 wurde eine Quote von 17,9%[115] ausgewiesen, obwohl die beiden An-teilseigner im Jahr 2003 das Eigenkapital um 1 Mrd. Euro erhöht hatten. Inte-ressant ist zusätzlich, dass sich der Gewinn um fast 150% von 2002 auf 2003 erhöht, aber die Eigenkapitalrendite konstant bei 4,9% lag. Hier spiegelt sich die erste Eigenkapitalerhöhung wider. Im Jahr 2005 und 2006 wurde jeweils – wie von der EU-Wettbewerbskommission gefordert das Eigenkapital noch einmal um 320 Mio. Euro erhöht.[116] Dennoch waren auch hier die Geschäfts-tätigkeiten so erfolgreich, das die Quote im Marktvergleich überproportional anstieg.

2001 wies die Bayern LB ein operatives Ergebnis von 184 Mio. Euro aus. Fünf Jahre später waren es fast 1,4 Mrd. Euro, obwohl sich weder der Zins- noch der Provisionsüberschuss eklatant verändert haben.[117]

---

[114] Der Geschäftsbericht 2007 wurde nach IFRS erstellt und stellt somit keine Ver-gleichsmöglichkeit dar. Zudem hatte 2007 schon die Finanzkrise durch die Pleite der IKB begonnen und die Bewertung von ABS-Produkten gerade nach dem fair-value-Prinzip war nicht mehr möglich.

[115] Um die Zahl in die Relation zusetzen: „Klaus-Peter Müller, Vorstandssprecher der Commerzbank, erwartet im kommenden Jahr eine Eigenkapitalrendite nach Steuern von mindestens 11%. Für 2006 bekräftigt er die Marke von mindestens 10% (bereinigt um Einmalpositionen). Insgesamt bleibe die Commerzbank gut im Plan auf ihrem Weg zu einer Eigenkapitalrendite von netto 15% und einer Aufwandsquote von weni-ger als 60% bis zum Jahr 2010, betont Müller auf dem (...) Investors Day seines Insti-tuts." (LIPS (2006)).

[116] "In May 2005 the two owners of BayernLB, the Free State of Bavaria and the Sparkas-senverband Bayern decided to increase the share capital of BayernLB by EUR 640 million. This decision only came into effect after 18 July 2005, i.e. after the expiry of the State guarantees. The capital increase is supposed to take place in two instal-ments of EUR 320 million each on 1 August 2005 and 1 July 2006. Both owners will participate in each instalment of the capital increase according to their current share-holding, i.e. with equal amounts." (KROES (2005)).

[117] GESCHÄFTSBERICHT (2001-2006).

Abb. 25: Gewinnsprung im Jahr 2003 [118]

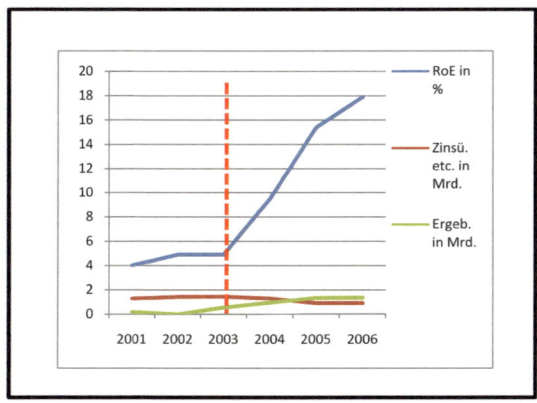

Anhand der analysierten Kennzahlen lässt sich ableiten, dass die BayernLB ab dem Jahr 2003 begonnen hat, die 33 Mrd. Euro Refinanzierungsmittel auf dem Kapitalmarkt zur Ergebnismaximierung einzusetzen. Dementsprechend war die Verbesserung ihres tatsächlichen Ratings in 2005 im Verhältnis zum „Schatten-Rating" von 2003 und 2004 (vgl. Abb. 18) schon ein Ergebnis der Investitionen in Kapitalmarktprodukte, die nichts mit der eigentlichen Strategie als bayerische „Whole-Sale-Bank" zu tun hatte. „Sich gegen allgemeine Rahmenbedingungen legitimer privatwirtschaftlicher Interessenverfolgung mit dem Argument der besonderen Betroffenheit aufgrund des bisherigen <Gewohnheitsrechts> einer nicht verallgemeinerungsfähigen Handlungsweise zu stellen und daraus im speziellen Fall die Unzumutbarkeit einer ansonsten legitimen und lebenspraktisch sinnvollen ordnungspolitischen Reform abzuleiten, kann grundsätzlich keine vertretbare wirtschaftsbürgerliche Haltung sein."[119]

Im Rahmen von Gewinnabführungsverträgen mit den beiden Anteilseignern, dem Sparkassenverband Bayern und dem Bundesland Bayern, profitierten diese beiden politisch geprägten Institutionen ebenfalls von den Kapitalmarktgeschäften. Ausgehend von einer Eigenkapitalrendite von rund 5% hätte die BayernLB in den Jahren 2004 bis 2006 jeweils ein operatives Betriebsergebnis von rund 550 Mio. Euro erwirtschaften müssen – stattdessen hat die Bank ihre Gewinne auf bis zu 1,4 Mrd. Euro maximiert. Damit generierte die Förderbank für die beiden Anteilseigner am internationalen Kapitalmarkt einen außerordentlichen Gewinn von mehr als 2 Mrd. Euro, der in

---

[118] Vgl. ebd.
[119] ULRICH (1998), S. 317.

den drei Jahren (2004–2006) abgeführt werden konnte. Allein die bayerische Landesregierung (genauso wie die bayerischen Sparkassen) verfügte in den drei Jahren über insgesamt rund 1,8 Mrd. Euro. D. h. bei einem Gesamthaushaltsansatz von etwas mehr als 35 Mrd. Euro im Jahr 2006 hat die BayernLB rund 1,7% zu einem ausgeglichenen Staatshaushalt des Bundeslandes Bayern (als Förderbank ohne nachhaltiges Geschäftsmodell) beigetragen.

Insofern hat eine nachweisliche Grenzverletzung der beiden Teilsysteme Politik und Banken stattgefunden. Das Teilsystem Politik forderte eine regionale Ausrichtung als Förderbank ohne wirkliches Geschäftsmodell und gleichzeitig eine Gewinnmaximierung, um den Staatshaushalt zu konsolidieren.

Umso differenzierter müssen die Aussagen vom bayerischen Ministerpräsidenten Horst Seehofer gewertet werden, in denen er ein Ende der reinen Marktgläubigkeit begrüßt. „Ich empfinde es als große Genugtuung, dass dieses Gesellschafts- und Wirtschaftsbild der letzten Jahre zusammengebrochen ist. Diese Gewinnmaximierung, diese fast ausschließliche Orientierung an Haushaltszahlen, an Renditen, an Gewinnen, an Zuwächsen, losgelöst von jeder Wertbindung, losgelöst von menschlichen Schicksalen."[120]

Die Politik hat die Grenze zur Ökonomie überschritten – nicht nur bei der viel diskutierten sozialen Marktwirtschaft, sondern indem Politik versucht, Wirtschaft durch Subventionen zu steuern. Deswegen ist politische Ökonomie gescheitert.[121] Weiterhin versucht die Politik eigene nationale Interessen durch Informationsdefizite durchzusetzen. „Hinzu kommt, dass die nationalen Aufsichtsbehörden auch gar kein Interesse an einem internationalen Datenaustausch besitzen, weil sich aus diesen Daten theoretisch Informationen über die konkreten Wettbewerbspositionen anderer Banken gewinnen lassen. Die nationalen Wettbewerbsinteressen spielen nach wie vor eine bedeutende Rolle."[122]

Bei der BayernLB wurde konsequent Shareholder-Value betrieben – zu Gunsten des politischen Systems und deren Vertreter. Ein deutliches Zeichen ist, dass kleinere Verstöße in der Geschäftsausrichtung der Landesbanken den Verwaltungsräten schon vorher aufgefallen sind, aber keine Maßnahmen ergriffen wurden, um dies in den Gesamtkomplex einzuordnen. „Um zu verhindern, dass sich unethisches Verhalten einschleicht, sollten Manager selbst auf belanglos erscheinende Verstöße reagieren und sofort etwas dagegen unternehmen. (...) Scheint etwas nicht in Ordnung zu sein, könnte ein Manager einen Kollegen bitten, sich gemeinsam mit ihm alle re-

---

[120] FELDENKIRCHEN / NEUKIRCH (2009).
[121] Vgl. GEYER (2009).
[122] KRAHNEN (2011).

levanten Daten und Belege anzusehen. Auf diese Weise lässt sich das ethische Fehlverhalten besser ausfindig machen und analysieren."[123]

Zusammenfassend hat der Vorstand der BayernLB in seinen Strategievorgaben einen langfristigen Erfolg – nach 2015 – beschrieben. In Wirklichkeit musste die Landesbank sehr kurzfristige Erfolge vorweisen.[124] Einerseits um das Rating positiv zu „manipulieren" –, andererseits um die beiden politisch geprägten Anteilseigner mit hohen Gewinnen von einem Weiterführungsmodell auch ohne Gewährträgerhaftung zu überzeugen.

4.2 Ordnungspolitische Mitverantwortung des Bundeslandes Bayern

Um eine ordnungspolitische Mitverantwortung des Bundeslandes Bayern bei der Restrukturierung und der „Fast-Pleite" der BayernLB umfassend beurteilen zu können, muss zuerst der Begriff „Ordnungspolitik" und seine Herkunft in der Bundesrepublik Deutschland beschrieben und analysiert werden. Dies ist vonnöten, weil wir in diesem Kapitel auch der Frage nachgehen, ob es in der heutigen Gesellschaft – aufgrund von unterschiedlichen Hierarchisierungen verschiedener Systeme – überhaupt noch einen ordnungspolitischen Ansatz geben kann, oder ob das Bundesland Bayern einem antiquierten, nicht mehr realisierbaren Theorem folgte.

Nach dem zweiten Weltkrieg und der Gründung der Bundesrepublik Deutschland boomte durch den Wiederaufbau die Wirtschaft. Es gab genügend Arbeit für zu wenig ausgebildete Arbeitskräfte – Kapital war durch den Marshallplan[125] zur Finanzierung des Wiederaufbaus ebenfalls genügend vorhanden.

Erst in den sechziger Jahren setzte sich die Politik durch Ludwig Erhard mit ihrer Verknüpfung zur Wirtschaft auseinander – der Begriff soziale Marktwirtschaft wurde geprägt. Das Miteinander in der deutschen Gesellschaft

---

[123] BAZERMANN / TENBRUNSEL (2011).

[124] Vgl. GESCHÄFTSBERICHT (2003-2006).

[125] „Marshallplan" war der umgangssprachliche Begriff für einen Fonds über 6 Mrd. US-Dollar, den die USA der BRD zum Wiederaufbau zur Verfügung stellte. Diese 6 Mrd. US-Dollar mussten bis 1966 nur zu einem geringen Teil zurückgezahlt werden. Das Geld wurde in revolvierende Kredite investiert, so dass einem realen Kreditvolumen von rund 125 Mrd. US-Dollar für die deutsche Wirtschaft entsprach. Ein Teil des Geldes wird bis heute im ERP-Sondervermögen verwaltet rund 4 Mrd. Euro. Kurz vor der Pleite der IKB im Jahr 2007 hatte die KfW vom Bund 8 Mrd. Euro aus dem damals noch 12 Mrd. Euro umfassenden Sondervermögen als Eigenkapital übertragen bekommen. Dieses Eigenkapital musste komplett für die Absicherung der Zweckgesellschaften der IKB eingesetzt werden, um einen globalen Flächenbrand zu vermeiden und führte noch in den Bilanzen der KfW von 2008 zu erheblichen Abschreibungen. (Vgl. BASTIAN / DROST (2009)).

stand im Vordergrund. Das Bindeglied Politik machte es sich zur Aufgabe zu kontrollieren, dass die Wirtschaft ethisch und moralisch handelt. Ludwig Erhard kann somit in der eingeschränkten Nachfolge der Aristotelischen Trias gesehen werden. (Vgl. Abb. 4). „Wenn wir von Wirtschafts- und Agrarpolitik (...) sprechen und in der ressortmäßigen Behandlung dieser Fragen Fortschritte zu erzielen suchen, so wird diese Arbeit vom Ganzen her gesehen doch erst sinnvoll und fruchtbar, wenn sie sich an einem gesellschaftlichem Leitbild orientiert. Es geht schlechthin um die Fortgestaltung einer Lebensordnung."[126] Das Prinzip der sozialen Marktwirtschaft funktionierte in Deutschland bis zum Beginn des 21.Jahrhunderts. Durch die Öffnung der Weltmärkte und die Einführung des Euros wurde das separatistische System ausgehöhlt.

Die Vorzeichen wurden verdreht. Nicht mehr die Politik bestimmte die Wirtschaft, sondern die Wirtschaft setzte sich mit den Problemen der Politik auseinander und hatte die Aufgabe, als Leitsystem für die Lösung von gesellschaftlichen Problemen zu suchen. „Das deutlichste Zeichen, für die konzeptionellen Schwierigkeiten der Ökonomik zu wichtigen Politikproblemen der Gegenwart in konstruktiver Weise als Wissenschaft Stellung nehmen zu können, besteht darin, daß (sic!) die in der breiten Öffentlichkeit vielfach anzutreffenden Schuldzuweisungen und Appelle auch in der wissenschaftlichen Literatur Unterstützung finden, obwohl `Schuld´ im Kategoriensystem der Ökonomik gar nicht vorgesehen ist."[127]

Dennoch geht die Wissenschaft teilweise weiter von einem Primat der Politik aus. Anreize und Sanktionen müssen geschaffen werden, um ein einzelwirtschaftliches Interesse zu verhindern. Moralisch fragwürdiges Verhalten von ökonomischen Interessen kann nur von der Gesellschaft verhindert werden – aber auch nur in einem marktbegrenzten System.[128]

Die Literatur differenziert zwischen Ordnungspolitikern und Wirtschaftsmathematikern und geht davon aus, dass die Marktwirtschaft aufgrund einer mathematischen Markthörigkeit in der Finanzkrise implodiert ist.[129] Dieser Analyse folgen wir nicht. Basierend auf der Systemtheorie von Luhmann gibt es kein kommunikationsfähiges globales System Politik, welches ordnungspolitische Grundsatzentscheidungen gegenüber und mit dem globalen System Wirtschaft – in diesem Fall Banken – artikulieren kann. Insofern kann von keinem Ende der Marktgläubigkeit nach der Finanzkrise gesprochen werden. Die Fehler sind nicht alleine im Bankensystem sondern auch im Poli-

---

[126] ERHARDT (1963).
[127] PIES (2001), S. 7.
[128] Vgl. ULRICH (1998), S. 163.
[129] Vgl. THIELEMANN (2009a).

tiksystem angesiedelt – bedingt durch partikulare, föderalistische Interessen.

„Eine lose Konföderation von Staaten, die durch eine Währungsunion verbunden sind, wird nicht ausreichen. Das war Maastricht, und das ist gescheitert. Wir müssen in der Euro-Gruppe von der Konföderation zu einer echten Föderation werden! Wir brauchen mehr fiskalpolitische, wirtschaftspolitische, auch sozialpolitische Integration. Am Ende müssen die vereinigten Staaten von Europa stehen."[130]

Ein Weltgesellschaftsvertrag wäre die Lösung, um diese beiden Systemgrenzen überschreitbar zu gestalten. „Der Begriff `Gesellschaftsvertrag´ (...) markiert die gedankliche Organisation gesellschaftlicher Bemühungen um sozialen Konsens."[131]

Das ordnungspolitische „Versagen" des Bundeslandes Bayern bei der BayernLB lässt sich unter zwei Gesichtspunkten darstellen:

Zuerst wurde die Förderbank aus einem marktbegrenzenden System durch die Brüsseler Konkordanz[132] herausgelöst. Damit wurde die Bank in ein globales Teilsystem entlassen. Weder das Bundesland Bayern noch die Bundesrepublik Deutschland durften somit auf die partikularen ökonomischen Eigeninteressen der Bank Einfluss nehmen. Ein nachweislicher Verstoß führte zu einer Sanktion durch die EU-Wettbewerbs-Kommission. Gleichzeitig hat Bayern als Anteilseigner das Gewinnmaximierungsprinzip gegen alle ordnungspolitischen Überlegungen unterstützt, um damit den Landeshaushalt schuldenfrei zu gestalten. (Vgl. Kapitel 4.1.)

Zudem wurde die Bank durch das Sparkassengesetz begrenzt. Einlagengeschäfte durfte sie nicht machen. Ein wirkliches Geschäftsmodell konnte zu Gunsten der beteiligten Sparkassen nicht entwickelt werden.[133]

Die mächtige Interessenvertretung verhindert als Lobbyist eine sinnvolle ordnungspolitische Maßnahme – ein unlauterer Wettbewerbsvorteil wurde durchgesetzt und somit die Partikularinteressen der Sparkassen gesichert. „Oft genug bleiben sie mit ihren eigennützigen Strategien am Ende sieg-

---

[130] FISCHER (2011), S. 28.
[131] PIES (2003), S. 2.
[132] Vgl. MONTI (2002).
[133] „Trotzdem wird die ordnungspolitische Konsequenz nicht gezogen werden. Davor steht die Lobby der deutschen Sparkassen. Und zudem wäre hierzu ein die Gesetze der Sozialen Marktwirtschaft beherzigender Bundeskanzler vonnöten. Dieses ordnungspolitische Vakuum wird sehr bald nach Verklingen der Finanzkrise von Brüssel aufgefüllt werden. Wie schon bei dem ordnungspolitischen Sündenfall Gewährträgerhaftung geschehen, werden Politiker und Funktionäre auch hiergegen Sturm laufen. Und dies dann auch wiederum vergebens." (POULLAIN (2011)).

reich, und ordnungspolitische Reformen, die im öffentlichen <Vernunftge-
brauch> mehr oder weniger eindeutig als legitim und sinnvoll einsehbar wären, bleiben auf der Strecke."[134] Der BayernLB wurde damit bis heute jede
nachhaltige Existenzgrundlage entzogen. „Die bisherigen Restrukturie-
rungsvorschläge aus München sicherten weder das dauerhafte Überleben
der Bank, noch seien genug Maßnahmen zum Ausgleich der Wettbewerbs-
verzerrungen durch die Staatsbeihilfen vorgesehen. Vor allem die Tatsache,
dass keinerlei tragfähiges Geschäftsmodell für das Institut erkennbar sei, sei
`sehr enttäuschend´ für ihn, sagte Almunia."[135]

Normative Grundsätze einer Ordnungspolitik lassen sich nur weltweit durch-
setzen. Denn das Teilsystem Wirtschaft ist global orientiert, während das
Teilsystem Politik immer noch national föderalistisch aufgestellt ist. Das ist
auch ein Bruch zur Aristotelischen Trios von Ethik, Politik und Ökonomie.
Weder Ethik noch Politik unterliegen bis heute globalen Normen, aber die
Wirtschaft und die Banken.

Abb. 26: Auswirkungen der Markterweiterung auf die normative Ordnungspolitik

Dementsprechend unterwirft sich die Ökonomie nicht den ethischen, ordnungspolitischen Grundsätzen einer Gesellschaft: Solange es kein globales
Teilsystem Politik gibt, wird es unüberwindbare Grenzen – auch gerade auf

---

[134] ULRICH (1998), S. 318.
[135] MUSSLER / MUßLER (2011).

dem Konstruktivismus basierende unterschiedliche Realitäten – zu den globalen Teilsystemen Wirtschaft und Banken geben. „Allein schon damit überhaupt die Möglichkeit der gesellschaftlichen Gestaltung der Wirtschaft besteht, kann die grundsätzliche normative Orientierung aller Ordnungsethik nur dahin gehen, den unverzichtbaren Primat der Politik vor der Logik des Marktes zu beanspruchen."[136]

Es fehlt eine wirkliche politische Einheit, wie die in einem Nationalstaat, um auf die wirtschaftliche Einheit regulativ einwirken zu können.[137] Eine normative Orientierung an der juristisch realen Welt reicht nicht aus. Einzelne Unternehmen sind Bestandteil der Gesellschaft und tragen dementsprechend eine moralische Verantwortung, „ihr Handeln stets hinsichtlich seiner Legitimation im Lichte der moralischen Rechte aller Betroffenen und damit der (argumentativen) Vertretbarkeit ihnen gegenüber selbstkritisch zu prüfen."[138]

Das Fortschreiten der Globalisierung stellt auch Hohmann mit seinen Dilemmastrukturen und -verschachtelungen[139] einer funktionierenden Marktwirtschaft in Frage. Denn eine nationale konkurriert nicht mit einer internationalen Rahmenordnung. Das System „internationale Wirtschaft" erkennt aus sich selbst heraus keine nationalen Rahmenordnungen im Wettbewerb an. „Damit erhalten wir in Marktwirtschaften ein System ineinander geschachtelter Dilemmastrukturen: Unternehmen stehen im Wettbewerb untereinander (=etablierte Dilemmastruktur), dafür ist eine Rahmenordnung auf nationaler Ebene erforderlich (=überwundene Dilemmastruktur), diese nationalen Rahmenordnungen stehen international im Wettbewerb mit anderen Rahmenordnungen (=erwünschte Dilemmastruktur)."[140]

4.3 Die moralische Rolle der kritischen Öffentlichkeit in Bayern

Eine Rolle wird formal von einem Drehbuchautor ausgestaltet und vom Regisseur besetzt. Drehbuchautoren und Regisseure finden sich in der Causa BayernLB alle im Teilsystem Politik wieder. „Freilich geht es im Untersuchungsausschuss um Aufklärung. Aber es geht auch um politische Profilierung. Da ist einerseits die Opposition. Die Einsetzung eines Untersuchungsausschusses gehört zu ihren Minderheitsrechten, wenn sie beispielsweise Verfehlungen auf Regierungsseite vermutet, und so forschen die Abgeordneten von SPD, Grünen und Freien Wählern vor allem dahingehend, was den

---

[136] ULRICH (1998), S. 334.
[137] Vgl. ebd., S. 94.
[138] Ebd., S. 237.
[139] Vgl. HOHMANN / LÜTGE (2005), S. 32–43.
[140] Ebd., S. 43.

Verwaltungsräten zur Last gelegt werden könnte. Ausgiebig. So ausgiebig, dass Sepp Dürr (Grüne) und Bernhard Pohl (FW) regelmäßig in Konflikte mit Ausschusschef Kreuzer (CSU sic!) geraten, der ihre Fragen ebenso regelmäßig als unzulässig rügt. Was von der Opposition wiederum als Behinderung beklagt wird."[141]

Es stellt sich die Frage, ob die Öffentlichkeit überhaupt Akteur ist oder zum Zuschauen verdammt bleibt und danach durch Rezensionen der Multiplikatoren zu Handlungen – wie Schuldzuweisungen – getrieben wird. Gibt es dann den von Kant beschriebenen „freien Willen zur Handlung"? (Vgl. Kapitel 2.2.)

Wir wollen uns in diesem Kapitel nicht mit der moralischen Rolle der Öffentlichkeit nach der Finanzkrise auseinandersetzen (Vgl. Kapitel 5.), sondern zum Zeitpunkt des „Grandfathering" durch die BayernLB und kurz davor (2002–2006). Die Landesbanken hatten in den Jahren vor der sogenannten „Brüsseler Konkordanz" eine erhebliche Öffentlichkeitsarbeit betrieben, um ihre unverzichtbare Rolle in Deutschland für den Mittelstand darzustellen – insbesondere nach der Einführung der verschärften Rating- und Eigenkapitalregeln durch Basel II.[142]

Die Lobbyarbeit der öffentlich-rechtlichen Institute hatte sich zwar nicht in Brüssel in der Wettbewerbskommission als direkt zielführend erwiesen (Verhinderung der Abschaffung der Gewährträgerhaftung), aber die deutsche Öffentlichkeit, die Gesellschaft war sich der Bedeutung des Mittelstandes für das Bruttosozialprodukt und auch der fördernden wirtschaftlichen Rolle der Landesbanken bewusst. „Die lebenspraktische Bedeutung von Legitimitäts- und Gerechtigkeitsfragen des Wirtschaftens zeigt sich schon in der Aufmerksamkeit, die sie in der öffentlichen Diskussion häufig geniessen (sic!)."[143]

Zum anderen wurde der Öffentlichkeit auch der Geschäftszweck einer bayerischen Whole-Sales-Bank dargestellt – eben die Förderung der bayerischen Wirtschaft.[144] Die Gesellschaft, der bayerische Bürger, wurde durch eine fremdgeschaffene unwirkliche Realität in die Irre geleitet, so dass die an-

---

[141] AUER (2010).

[142] Deutliche Worte fand insbesondere der Sprecher des Vorstands der Kreditanstalt für Wiederaufbau, Hans W. Reich, in seiner Rede vor dem Internationalen Club Frankfurter Wirtschaftsjournalisten im Oktober 1999. Zu dem damaligen Zeitpunkt stand auch noch die KfW auf dem Prüfstand in Brüssel. Sie konnte erst im Jahr 2000 eine Sonderregelung als deutsche Förderbank für sich geltend machen, so dass sie nicht unter die „Brüsseler Konkordanz" fiel.

[143] ULRICH (1998), S. 237.

[144] Vgl. Geschäftsbericht (2003).

scheinend moralische Handlung zum Erhalt der Landesbank fremdgesteuert war.

So war der Bürger Re-Akteur, während die BayernLB zusammen mit den politischen Vertretern in den Gremien zu Akteuren wurden. Die Bürger hätten das „moralische Recht" gehabt, eine komplette Information über die reale Welt der BayernLB einzufordern. Das positiv juristische Recht hatten sie nicht, da sich die BayernLB – nach dem Jahr 2005 nicht mehr öffentlich-rechtliches Institut – auf ihre betriebswirtschaftliche Verschwiegenheit beziehen kann.

Kontrolleure für die Gesellschaft waren (und sind) die durch Ämter (Verwaltungsrat) eingesetzten politischen Vertreter, die sich aber auch auf ihre Schweigepflicht berufen können. Formal ist der Bürger in Bayern an der BayernLB mit deutlich mehr als 50% beteiligt – über kommunale Verbände via Sparkassen und über das Bundesland direkt.[145] Konkret bekommt er keine Auskünfte und kann seiner moralischen Funktion nicht nachkommen – aber durchaus eine moralische Rolle spielen. Der bayerische Bürger muss sich im weiteren Sinne als Mitglied eines Wirtschaftsunternehmens/-organisation verstehen und darf seine Verpflichtung zum moralisch verantwortlichen Handeln nicht abgeben oder verdrängen.

Es geht darum, „die personellen und unternehmenskulturellen Voraussetzungen moralisch verantwortlichen Handelns aller Organisationsmitglieder zu fördern, indem sie durch ethische Bewusstseinsbildung befähigt und sensibilisiert werden, moralische Aspekte ihres Handelns zu erkennen, und indem sie ermutigt werden, ethische Bedenken zur Sprache zu bringen, und zwar auch dann, wenn das vom Einzelnen verlangt, dass er im konkreten Konfliktfall eine kritische Rollendistanz zu seiner organisatorischen Aufgabe einnimmt und seine unteilbare Bürgerverantwortung zur Geltung bringt."[146]

---

[145] "It is a publicly owned credit institution operating in the form of a public institution (*Anstalt des öffentlichen Rechts*). It is indirectly owned by the Free State of Bavaria and the Bayerische Sparkassen- und Giroverband (Sparkassenverband Bayern), each with a 50% holding. In 2002 the two owners agreed to transfer their stakes in BayernLB, in exchange for shares, to BayernLB Holding AG, in which they each hold 50% of the shares. BayernLB Holding AG is the sole owner of Bayerische Landesbank and is not a bank itself." (KROES (2005)).

[146] ULRICH (1998), S. 458.

Abb. 27: Die moralische Rolle der Öffentlichkeit

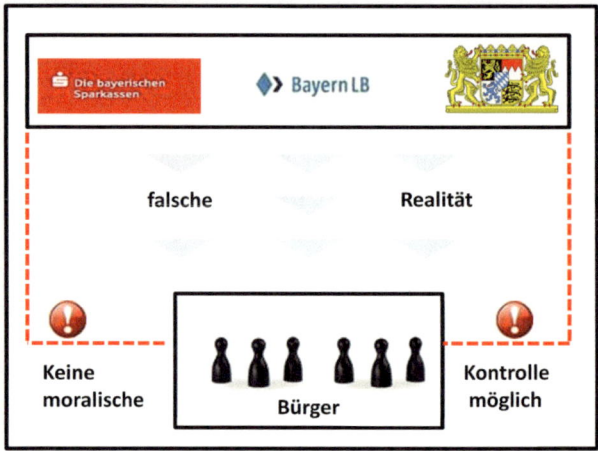

Insofern ist auch dem bayerischen Bürger als Kontrolleur durchaus ein unethisches Verhalten zu unterstellen: Er delegiert als Souverän, als Manager, die Handlung an die Politik (Verwaltungsrat) und den Vorstand der Bank, ohne die Handlungen kritisch zu hinterfragen und versucht nicht, die „indirekte Blindheit" zu überwinden. „Experimente zeigen, dass wir beim Beurteilen einer Person oder Organisation instinktiv nachsichtiger sind, wenn eine unethische Handlung an einen Dritten delegiert wurde, besonders wenn wir die Auswirkung der Auslagerung nicht genau kennen. Die Ergebnisse beweisen aber auch, dass wir eine ‚indirekte Blindheit' überwinden können; unethische Handlungen und deren Akteure sehen wir, wie sie wirklich sind, sobald uns vollständige Informationen vorliegen und wir uns über die Situation entsprechende Gedanken machen."[147]

4.4 Ethisch-politische Legitimation

Die ethisch-politische Diskussion zum ökonomischen System zielt in zwei Stoßrichtungen.

Zum einen setzt sich die Wissenschaft mit der Herauslösung der Ökonomik aus dem philosophischen Gesamtkomplex kritisch auseinander. Der Vergleich mit den Naturwissenschaften und der daraus folgenden absoluten Berechenbarkeit der Wissenschaft wird in Frage gestellt. „Das moderne öko-

---

[147] BASERMANN / TENBRUNSEL (2011).

nomische System wird seither wesentlich von seinen eingebauten, seltsam anonymen ‚Sachgesetzlichkeiten' geleitet, die in ihrer eigensinnigen Dynamik zunehmend in Konflikt zu Gesichtspunkten lebenspraktischer Vernunft zu treten drohen."[148] Integrative Wirtschaft hat deswegen auch politische und ethisch / moralische Grundsätze zu beachten und in ihren Überlegungen mit einzubeziehen. Denn Forschungsergebnisse der Ökonomen sind nicht immer unter den gleichen Rahmenbedingungen zu erhalten. Es gibt somit keine ökonomischen Gesetze, die den gleichen Anspruch wie physikalische Gesetze erheben können.

„To get right down to it, I suspect that the attempt to construct economics as an axiomatically based hard science is doomed to fail."[149]

Zum anderen werden die Sozialökonomie und die Sozialökonomik in den wissenschaftlichen Diskurs eingeführt. Die Sozialökonomie stellt das berechtigte Interesse der Gesellschaft vor das Interesse des Einzelnen, und zwar nicht durch einen Gesellschaftsvertrag oder positive Gesetze. Das „Richtige" für die Gesellschaft wird durch das Gelebte, durch die Kultur ermittelt. „Auch zu dieser Stellungnahme kann er (sic!: der Mensch) nur gelangen, indem er die konkrete Kultur auf seine Wertideen bezieht und ‚zu leicht' befindet. Dieser rein logisch-formale Tatbestand ist gemeint, wenn hier von der logisch notwendigen Verankerung aller historischen Individuen an »Wertideen« gesprochen wird. Transzendentale Voraussetzung jeder Kulturwissenschaft ist nicht etwa, daß (sic!) wir eine bestimmte oder überhaupt irgendeine ‚Kultur' wertvoll finden, sondern daß (sic!) wir Kulturmenschen sind, begabt mit der Fähigkeit und dem Willen, bewußt (sic!) zur Welt Stellung zu nehmen und ihr einen Sinn zu verleihen."[150]

Der freie Markt durch Angebot und Nachfrage bestimmt nicht den wirklichen Preis, weil Folgeschäden wie die Zerstörung der Umwelt oder des Sozialstandards der Bevölkerung, die auf die gesamte Gesellschaft zukünftig einwirken, nicht mit ermittelt werden. Die Sozialökonomik setzt den Preis und den Schaden im Vergleich zu einem entstehenden höheren Preis und dem daraus möglicherweise entstehenden Schaden durch eine Unternehmensaufgabe. Das funktioniert ausschließlich in einem separatistisch orientierten Staat, und ist in Zeiten einer fortschreitenden Globalisierung in Frage zu stellen. Selbst für exportorientierte Länder sind die binnenwirtschaftlichen Folgen einer solchen normativen Vorgabe seitens der Politik unübersehbar. Die Kaufkraft sinkt, die Wirtschaft kann sich nicht alleine durch Export finanzieren, und die Folge wären auch hier Unternehmensaufgaben so-

---

[148] ULRICH (1998), S. 124.
[149] SOLOW (1985), S. 328.
[150] WEBER (1973), S. 180.

wie daraus resultierend Arbeitslosigkeit.[151] „Was dagegen heute Not tut, sind praktische Gedankenexperimente, in denen auf dem Boden einer zeitkritischen Analyse ein Stück Zukunft antizipatorisch vorweggenommen wird. Unter diskursiv geklärten ethischen Rahmenbedingungen werden nach Maßgabe vorhandener Ressourcen Möglichkeiten einer veränderten gesellschaftlichen Praxis durchgespielt; es soll gleichsam probeweise ein ethisch wünschenswerter sozialer Zustand (...) mit dem bestehenden Zustand verglichen werden."[152]

Weder durch Sozialökonomie noch durch Sozialökonomik lässt sich die Handlungsweise der bayerischen Politik bei der BayernLB erklären.

Die bayerische Gesellschaft vertreten durch ihre politischen Vertreter konnte nicht auf ein global orientiertes Bankensystem ihre Wertideen übertragen oder gar einfordern. Zwei unterschiedliche Kulturebenen (nach Max Weber) standen sich in einem nicht auflösbaren Konflikt gegenüber. Ein Konflikt, der sich noch dadurch verstärkte, dass die Politik ihre „Moderatoren-Funktion" nicht erfüllte, sondern als Akteur gestaltete.

Eine Form von Sozialökonomik im Zusammenhang mit der BayernLB muss auch verneint werden. Das grundsätzliche Mittel des „Grandfathering" für deutsche Landesbanken – u. a. geschaffen durch die Lobbyarbeit von deutschen Landespolitikern – entspricht zwar auf den ersten Blick einer solch separatistisch orientierten Handlung. Der gleichzeitig nicht konsequent entwickelte tragfähige Geschäftsplan der BayernLB zeigt die Unfähigkeit eines solchen Konzepts in einer globalisierten Weltwirtschaft. Denn Probleme wurden in die Zukunft verschoben:

- wie kann meine Landesbank überlebensfähig sein?;
- wie kann verhindert werden, dass der Staatshaushalt mit Restrukturierungskosten belastet wird?;
- wie wird eine drohende Arbeitslosigkeit von mehr als 10.000 Angestellten des staatlichen Unternehmens abgewendet?

Ethisch und moralisch hat sich die Politik in den Kontrollgremien schuldig gemacht. Schuldig in dem Sinne, dass der bayerische Staat sowie die Kommunen, vertreten durch den bayerischen Sparkassenverband, eine hohe Eigenkapitalrendite einforderten, die nur über ein Geschäftsmodell zu realisieren war, was nicht im Sparkassengesetz stand oder zur offiziell genehmigten Strategie der BayernLB gehörte. „Politisch bedeutet das, dass wir das

---

[151] Vgl. ULRICH (1998), S. 384–386.
[152] BIEVERT / HELD / WIELAND (1990), S. 98.

Regelsystem einer Gesellschaft ändern müssen, wenn wir unerwünschte soziale Fallen beseitigen wollen."[153]

Zusammenfassend hätte die BayernLB nach 2002 aufgelöst werden müssen, denn ohne die Abkehr vom Prinzip der Förderbank konnte sie im internationalen Wettbewerb nicht bestehen.

---

[153] HOHMANN / LÜTGE (2005), S. 45.

5.   Die BayernLB zwischen Wirtschaftsethik und Gewinnmaximierung

In den bisherigen Kapiteln zur BayernLB haben wir die Situation nach der „Brüsseler Konkordanz" im Jahr 2002 untersucht. Es wurde analysiert inwieweit ein tragfähiges Geschäftsmodell als Förderbank entwickelt wurde und welche Rolle die Politik – unter dem Gesichtspunkt der ethischen und moralischen Mitverantwortung – gespielt hat. Dieses Kapitel beschäftigt sich ausschließlich mit den Auswirkungen der Finanzkrise 2007 auf die BayernLB und der Zukunftsfähigkeit des Instituts – unter der Voraussetzung, dass es zu einer durch die Brüsseler Wettbewerbskommission genehmigten Fortführung kommt. Wie in der Einleitung beschrieben, wird die Causa „Hypo Alpe Adria" ausgeklammert, denn hierbei handelt es sich um einen – wahrscheinlich auch strafrechtlich relevanten[154] – Einzelfall.

Die in den vorangegangenen Kapiteln beschriebenen und bewerteten spekulativen Geschäfte haben in den Jahren 2007 und 2008 nicht nur zu einem Gewinneinbruch sondern zu einem Sicherungs-Kapitalbedarf von insgesamt 10 Mrd. Euro geführt. „Der Bund und der Freistaat Bayern schießen ingesamt zehn Milliarden Euro Kapital der angeschlagenen Bayerischen Landesbank (BayernLB) zu. (…) Die Bayerischen Sparkassen müssen sich nicht beteiligen, verlieren aber mit der Kapitalerhöhung ihren Einfluss bei der BayernLB. Eine Privatisierung, wie von CSU/FDP gewünscht, wird wahrscheinlicher."[155]

Die gewünschte Privatisierung ist ein erweitertes Dilemma, mit dem sich die neue Führung der BayernLB auseinandersetzen muss. Denn durch den Rückzug der Sparkassen und die gleichzeitig immer noch bestehende Absicherung eines Sparkassen-Geschäftsmodells durch den Gesetzgeber ist die Suche nach einem Geschäftsmodell einer privatisierten BayernLB kompliziert.

---

[154] „Die BayernLB verklagt ihren kompletten früheren Vorstand wegen des milliardenschweren Fehlkaufs der Kärntner Bank Hypo Alpe Adria auf Schadenersatz in Millionenhöhe." (DPA (2011)).

[155] GRÖNEBAUM (2008). „Die Kapitalstärkung in einer Gesamthöhe von EUR 10 Mrd. erfolgt in drei Tranchen. Zunächst werden der BayernLB EUR 3 Mrd. zugeführt (1. Teilzahlung am 19.12.2008, 2. Teilzahlung am 30.12.2008). Die zweite und dritte Tranche mit einem Volumen von EUR 3 Mrd. (stille Einlage) b z w. EUR 4 Mrd. (Kapitalerhöhung) sollen im ersten Quartal 2009 erfolgen. Das Kapital aller drei Tranchen stellt Kernkapital im Sinne des Gesetzes über das Kreditwesen (KWG) dar. (…)Die Kapitalerhöhung wird alleine vom Freistaat Bayern gezeichnet. Der Sparkassenverband Bayern, der vor der Kapitalerhöhung 50% der Anteile der BayernLB Holding AG hält, nimmt an der Kapitalerhöhung nicht teil. Der Anteil des Sparkassenverbandes an der BayernLB Holding AG verringert sich nach Durchführung der dritten Tranche folglich auf rund [(3–10)] %." (KROES (2008)).

Gleichzeitig kann eine Privatisierung nur erfolgreich sein, wenn die Rating-agenturen das Geschäfts- und Gewinnmodell als erfolgreich bewerten. Die in Kapitel 4 beschriebene Situation im Jahr 2002 hatte eine feste Eigentümer-struktur der BayernLB als Vorteil – aber eine Gewinnmaximierung hätte nicht zur Geschäftsstrategie gehören dürfen. Insofern ist die in sich ge-schachtelte Dilemmastruktur der Bank nach der Kapitalspritze von 2008 sys-temrelevant geworden. „Der Ansatz bei Dilemmastrukturen kann Dinge ˋse-henˊ, die man phänomenologisch nicht sieht, nämlich (…) die Möglichkeit der Destabilisierung bislang funktionierender Interaktionen, falls die sie er-möglichenden Institutionen (…) zusammenbrechen oder neue technische bzw. soziale Möglichkeiten (…) das bisherige institutionelle Arrangement zur Erzielung paretosuperiorer Lösungen ineffizient werden lassen."[156]

Abb. 28: Managementsituation der BayernLB nach 2007

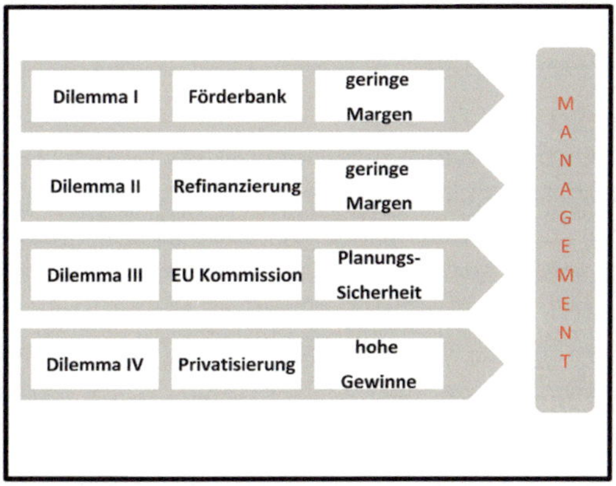

5.1 Die marktethische Rolle der Europäischen Union

Am 4. Dezember 2008 zeigte Deutschland der EU-Wettbewerbskommission in Brüssel Beihilfen des Bundeslandes Bayern und Deutschlands für die Bay-ernLB über insgesamt 10 Mrd. Euro an. Offensichtliche Auslöser waren hauptsächlich die Kapitalmarktverwerfungen und der Einbruch des globalen Verbriefungsmarktes im Nachgang der Insolvenz eines der größten ameri-kanischen Geldhäuser, Lehmann Brothers. ABS (Asset-Back-Securities)-Produkte, die in den Büchern der großen Versicherer und Banken als anlei-

---

[156] HOHMANN / LÜTGE (2005), S. 47.

heähnliche Produkte bewertet wurden, erhielten ein neues und deutlich schlechteres Rating. ABS lassen sich in unterschiedliche Gruppen unterteilen – Ausgangslage ist immer das zu verbriefende Produkt.

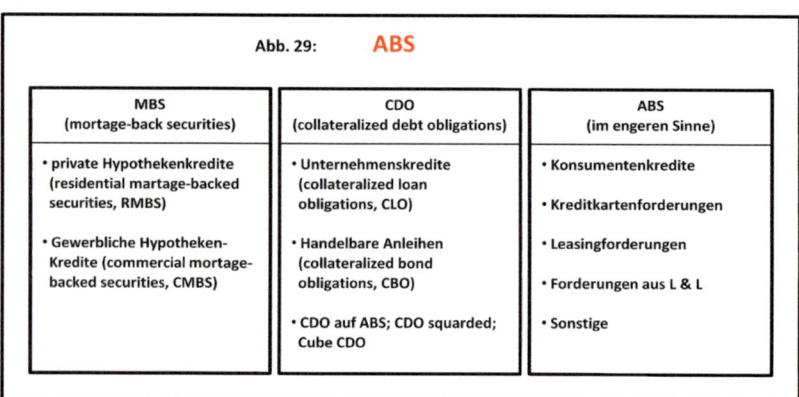

Abb. 29: **ABS**

MBS (mortage-back securities)	CDO (collateralized debt obligations)	ABS (im engeren Sinne)
• private Hypothekenkredite (residential martage-backed securities, RMBS) • Gewerbliche Hypotheken-Kredite (commercial mortage-backed securities, CMBS)	• Unternehmenskredite (collateralized loan obligations, CLO) • Handelbare Anleihen (collateralized bond obligations, CBO) • CDO auf ABS; CDO squarded; Cube CDO	• Konsumentenkredite • Kreditkartenforderungen • Leasingforderungen • Forderungen aus L & L • Sonstige

Produkte, in denen die BayernLB mit den 33 Mrd. Euro „Liquiditätsvorrat" investiert war, wurden illiquide und wurden im Rating herabgestuft. Das hatte gleichzeitig zur Folge, dass nach Basel II die Eigenkapitalquote für diese Papiere drastisch erhöht werden musste. Aufgrund des mangelnden Eigenkapitals entschieden sich die Ratingagenturen für ein Downgrade der BayernLB um mehrere Stufen, was die Mittelaufnahme so verteuerte, dass die zweitgrößte Landesbank in eine existenzbedrohende Schieflage geraten war.[157] „Die BayernLB hat derzeit ein langfristig ungarantiertes Rating von Standard & Poor's von A mit negativem Ausblick und ein von Moody's langfristiges ungarantiertes Rating von Aa2. Am 2.12.2008 hat Moody's das langfristige Emittentenrating auf 'review for possible downgrade' gestellt."[158] Durch die „Brüsseler Konkordanz" war Deutschland verpflichtet, mögliche weltweit wettbewerbsverzerrende staatliche Unterstützungen anzuzeigen, und sich diese „unter Auflagen" genehmigen zu lassen.

Wirklicher Auslöser der Krise waren die europäische Politik und als ausführendes Organ die europäische Wettbewerbskommission. Systemtheoretisch sind die europäische Politik und die Wettbewerbskommission mit nicht überwindbaren Grenzen ausgestattet. (Vgl. Kapitel 3.1.) Die Kommission hat das Recht, in die einzelnen nationalen Wirtschaftssysteme einzugreifen. Das europäische Parlament ist in seiner Macht – zugunsten der Mitgliedsländer

---

[157] Vgl. KROES (2008).
[158] Ebd.

eng beschnitten. Es fehlt ein Gesellschaftsvertrag, der die beiden Systeme hierarchisch gleichwertig stellt.[159] Die Kommission hat die Macht von den Nationalstaaten verliehen bekommen, wenn auch nur unter Auflagen. Eine der Auflagen Deutschlands war der gesonderte Umgang mit den Landesbanken – die Zustimmung zu einem „Grandfathering" und keine nachfolgende Kontrolle. Die Schaffung eines Gesellschaftsvertrages vor den Verhandlungen mit der europäischen Wettbewerbskommission hätte die Ebene der Verhandlungsführer verschoben und die Macht der nationalen Politik der Mitgliedsstaaten beschnitten.[160] „Es liegen bereits zahlreiche Untersuchungen dazu vor, dass Menschen sehen, was sie sehen wollen, und widersprüchliche Informationen gerne übersehen, wenn dies in ihrem Interesse liegt. Dieses psychologische Phänomen ist unter dem Begriff `selektive Wahrnehmung` bekannt."[161]

Abb. 30: Verknüpfung und Kompatibilität der beteiligten Systeme

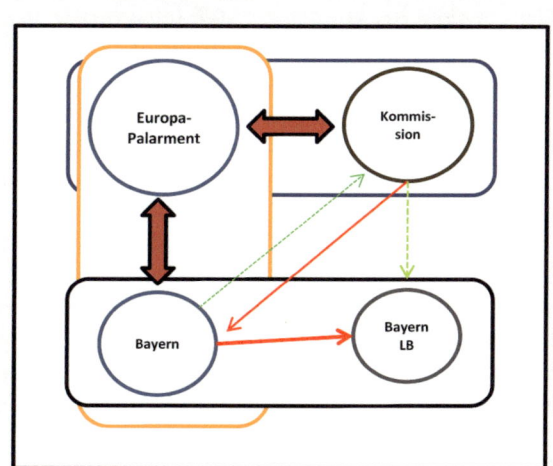

---

[159] Vgl. Pies (2003), S. 3.
[160] „Auf ihrem Gipfeltreffen im Juni 1997 beauftragten die europäischen Staats- und Regierungschefs die Kommission damit, eine Untersuchung über die Wettbewerbsverhältnisse zwischen privaten und öffentlich-rechtlichen Banken in den Mitgliedsstaaten durchzuführen. Hintergrund war die Frage, in welchem Umfang öffentlich-rechtliche Banken in Deutschland Finanzdienstleistungen und Dienstleistungen von allgemeinen wirtschaftlichen Interesse erbringen, für die eine Ausgleichzahlung (...) rechtens wäre." (LENK (2010), S. 36).
[161] BAZERMANN / TENBRUNSEL (2011).

5.2 Die Schaffung von „Wahrheit" über öffentliche Multiplikatoren

Die Rollen in der Öffentlichkeit sind klar verteilt: Auf der einen Seite sind die Ratingagenturen, die willkürlich handeln und anscheinend „käuflich" sind, und die versagenden Banken, wie z. B. die BayernLB. „In der Finanzkrise wurden die Rating-Gesellschaften zu Recht dafür kritisiert, viele Risiken übersehen zu haben, die in den gebündelten Immobilienkrediten lauerten. Viel zu lange hatten sie damals Bestnoten für hochriskante Kreditpapiere vergeben."[162] Auf der anderen Seite sind die Politik, die sich in einem Handlungsdilemma befindet, und der anscheinend durch die „Hochfinanz" ausgebeutete Steuerzahler, der für alle Fehler gerade stehen muss. „Nicht nur die Lage der Bank ist ernst. Auch für Bayern steht viel auf dem Spiel. Denn für die Belastungen der Bank, ihre tatsächlichen und künftigen Verluste, muss der Freistaat geradestehen, das heißt letztlich der Steuerzahler."[163]

„Gut" und „Schlecht" sind bei einer solchen öffentlichen und wirksamen Argumentation klar voneinander abgegrenzt. Wir untersuchen in diesem Kapitel, ob es sich hierbei um eine geschaffene Wirklichkeit handelt, die implizit ein kollektives Versagen aller Institutionen ausschließen soll. Denn „die politische Ordnung (und mit ihr die Legitimität aller privaten und staatlichen Handlungsweisen) muss vor allen Bürgern als unparteilich und gerecht begründbar sein; das impliziert notwendigerweise die uneingeschränkte Möglichkeit des <öffentlichen Vernunftgebrauchs> zum Zwecke der kritisch argumentativen Infragestellung (sic!) und Reform aller politischen Grundsätze und Spielregeln des wohlgeordneten gesellschaftlichen Zusammenlebens."[164] Die wirtschaftliche Berichterstattung hat in den Jahren 2004 bis 2006 die enormen Gewinne der BayernLB[165] nicht in Frage gestellt. Stattdessen hat sie – im Namen der Politik sowie der Bevölkerung, die sich durch die Mehreinnahmen Steuerentlastungen versprechen konnte – die Methoden ignoriert und damit im Namen der Öffentlichkeit auch toleriert – Akteur und Profiteur statt Kontrolleur.

Darin zeigt sich die erfolgreiche Lobbyarbeit der Industrie und der Banken in den letzten Jahren. Erst werden von Politikern und Wirtschaftsführern gemeinnützige Plattformen als Interessenvertretungen gegründet, die dann wieder zur Aufklärung von Multiplikatoren, in diesem Falle Journalisten, genutzt werden. Das 2003 gegründete „Konvent für Deutschland" hat diesen Weg der Einflussnahme auf die Öffentlichkeit erfolgreich beschritten: „Die

---

[162] KAISER (2011).
[163] ISSIG (2008).
[164] ULRICH (1998), S. 249.
[165] Vgl. GESCHÄFTSBERICHT (2004, 2005, 2006).

offizielle Auftakt-Pressekonferenz im Hotel Adlon am 3. Oktober 2003 sorgte für große mediale Aufmerksamkeit bis hin zu den Fernseh-Nachrichten. In der Folge beruhte die Öffentlichkeitsarbeit aber auf anderen Säulen: eigenen Pressemitteilungen und Stellungnahmen, Medienauftritten und Texten der Konventkreis-Mitglieder sowie mehreren, hochkarätig besuchten Journalistenworkshops zur Förderung der Medienkontakte. Besonders der Zugang der Konventkreis-Mitglieder zu den Medien sichert dem Konvent eine breite Berichterstattung – oft ohne dass der Konvent dabei selbst erwähnt wird. Zu den zentralen Akteuren nach außen gehören insbesondere Roman Herzog, Hans-Olaf Henkel, Klaus von Dohnanyi, Manfred Pohl und Roland Berger."[166]

Meinungen einer Interessengruppe können so als „allgemeingültige" Wahrheit dargestellt werden. Renommierte Politiker oder Wirtschaftsbosse treten unter ihrem eigenen „Brand" auf, vertreten aber nicht die Meinung ihrer Partei oder ihres Unternehmens, sondern aus Ihrer Sicht übergeordnete Visionen, die ungefiltert über die Multiplikatoren (Journalisten) in die Öffentlichkeit transportiert werden. Es bilden sich selbständige neue Netzwerke aus, die sich über Nutzeninteressen definieren. „Die Medien haben als Wissensverteiler, aber auch als Macher von Meinungen und Wertzuweisungen eine eigene Machtstellung."[167]

So wird eine vorgefertigte Wahrheit der Öffentlichkeit suggeriert, die Mehrheiten schafft. „Der Wille der Mehrheit ist augenscheinlich der Wille der Mehrheit und nicht der Wille des Volkes."[168] 2008 stützte Deutschland zusammen mit dem Bundesland Bayern die BayernLB mit einer Kapitalspritze von mehr als 10 Mrd. Euro[169] unter Schaffung einer öffentlichkeitswirksamen nicht nachprüfbaren Wahrheit. Eine Reform der BayernLB sollte eine profitable Privatisierung zur Folge haben. „Nach den Vorstellungen des bayerischen Wirtschaftsministers Martin Zeil (FDP) soll die schwer angeschlagene BayernLB bis 2015 komplett privatisiert werden. Auf dem Weg dahin soll die Landesbank zunächst umstrukturiert und teilprivatisiert werden."[170]

Das partikulare politische System stellt Forderungen an das globale Wirtschaftssystem, um im politischen Wettbewerb um Mehrheiten erfolgreich zu sein. Ein Netzwerk mit dem Nutzeninteresse „Minimierung der Verluste des

---

[166] LOBBYCONTROL (2007), S. 1.
[167] SCHWARZ (1999), S. 102.
[168] SCHUMPETER (1972), S. 432.
[169] „Die Voraussetzung für eine Neuaufstellung wurden von den Anteilseignern durch die Maßnahmen zur Rekapitalisierung i.H. von 10 Mrd. Euro, die Abschirmung des ABS-Investmentportfolios über 6 Mrd. Euro und dem beantragten Garantierahmen i.H. von 15 Mrd. Euro beim Sonderfonds Finanzmarktstabilisierung (SoFFin) geschaffen." (BAYERNLB / CORPORATE CENTER (2008)).
[170] KNIPPERS (2008).

bayerischen Steuerzahlers" schafft eine Wahrheit in der Öffentlichkeit unter der Nicht-Berücksichtigung, dass das politische System nicht auf das globale Bankenbewertungssystem (Ratingagenturen) Einfluss nehmen kann.

5.3 Das Programm „Herkules" und seine Auswirkungen

Der erste Schritt zu einer „profitablen Erneuerung" der BayernLB wurde durch das Programm „Herkules" Anfang des Jahres 2009 eingeleitet. „Ein vom (...) 21. April datiertes Papier des US-amerikanischen Unternehmensberaters Oliver Wyman gibt Aufschlüsse: 'Das Zielmodell der BayernLB-Gruppe sieht eine nachhaltige Reduzierung sowohl der Bilanzsumme (von ca. 485 Milliarden Euro 2008 auf 271 Milliarden Euro 2013) als auch der Risikoaktiva vor'. (...) Erreicht werden soll dies demnach über zwei Hebel: die Aufgabe von ganzen Geschäftsbereichen (...) und Verkauf von konzernstrategischen Beteiligungen."[171] Damit war das bayerische Ziel für eine Einigung im Beihilfeverfahren mit der Wettbewerbskommission der EU gegeben: Eine Verkleinerung der Bank, Fokussierung auf ein neues Geschäftsmodell, um danach private Investoren gewinnen zu können.[172] Damit ist die Zielvorgabe der BayernLB erneut ausschließlich Gewinnmaximierung in dem zu erwartenden engen regulatorischem Korridor, der von der EU-Kommission vorgegeben wird; jetzt nicht, um über Gewinne den Anteilseignern eine hohe Rendite auszuschütten, sondern um zukünftige private Investoren von der Ertragsstärke zu überzeugen. Ein solch radikales „Zielfoto" blendet Risiken des Managements aus: „Werden Mitarbeiter für das Erreichen eng gesteckter Ziele (...) belohnt, kann das zur Folge haben, dass sie andere Bereiche vernachlässigen, nach dem Prinzip 'der Zweck heiligt die Mittel' unerwünschte Risiken eingehen oder sich unethischer verhalten, als dies sonst der Fall wäre."[173]

Offiziell hatte die BayernLB schon im Dezember eine Fokussierung auf ihre Kernaktivitäten bekannt gegeben. Bis auf eine deutliche Kostenreduktion auch erstmalig über einen massiven Stellenabbau[174] erinnerte die strategi-

---

[171] REDL (2009), S. 41.

[172] Vgl. BAYERNLB / CORPORATE CENTER (2008). „Das Restrukturierungskonzept wurde im ersten Quartal 2009 entwickelt und Ende April bei der EU eingereicht. (BAYERNLB / GESCHÄFTSBERICHT (2009), S. 10.) "Weitere Neuerung: Die BayernLB kann künftig mit anderen Rechtsverträgen verschmelzen oder sich in eine Aktiengesellschaft umwandeln. Das Gesetz tritt zum 1. August 2009 in Kraft. (BAYERNLB / CORPORATE CENTER (2009a)).

[173] BAZERMANN / TENBRUNSEL (2011).

[174] „Unvermeidbar ist in diesem Zusammenhang der Abbau von Arbeitsplätzen. Von derzeit rund 19.200 Stellen im Konzern sind rund 5.600 Stellen betroffen." (BAYERNLB / CORPORATE CENTER (2008)).

sche Neuausrichtung stark an das offizielle Geschäftsmodell aus dem Jahr 2003. Erneut wird eine regionale bayerische Bank gefordert, die sich verstärkt an den Sparkassen und dem Mittelstand ausrichten soll.[175] Erste Ergebnisse dieser neuen Strategie konnte die Bank im Quartalsbericht 2010 verzeichnen. Der Personalbestand reduzierte sich um rund 40%. Bei genauer Betrachtung der Zahlen sind rund 50% des Ertrages vor Steuern aus „fair value"-Neubewertungen zustande gekommen. Die Pressemitteilung der BayernLB ist in dem Absatz, der sich mit den Neubewertungen auseinandersetzt, so verfasst, dass sie ausschließlich als systemische Kommunikation mit anderen Banken oder professionellen Investoren verstanden werden kann.[176] Als Kommunikationsgrundlage mit der Politik und dem bayerischen Bürger oder anderen Systemen dient sie nicht. Auch in dieser Pressemitteilung wird mit Hilfe der Sprache die „Realität" nur für die Zielgruppe „Finanzmarkt" abgebildet. Die Landesbank grenzt sich dadurch bewusst systemisch ab.

Zum Ende des 3. Quartals berichtete die BayernLB über die Umsetzung des Programms „Herkules" und gab bekannt, dass das bis 2013 terminierte Projekt gut im Zeitplan läge. „Die Anfang 2009 (...) gesteckten Restrukturierungsziele, insbesondere der Abbau von Risikoaktiva und die Reduzierung des Verwaltungsaufwandes, hat die Bank zu rund 70 Prozent bzw. zu rund 90 Prozent erreicht."[177] Es wird außer Acht gelassen, dass das Programm „Herkules" zusammen von der BayernLB mit Beratern entwickelt worden ist, um der EU Vorschläge zu machen, wie genau die Zukunft der Bank - nach der Strafe wegen staatlicher Beihilfen – aussehen könnte. Die Verfasser, inklusive dem Verwaltungsrat, geben widersprüchliche Informationen an die Öffentlichkeit, um die Realität in ihrem Sinne abzubilden. Die kritische Öffentlichkeit blendet frei zugängliche Entscheidungshilfen aus. „Dieses psychologische Phänomen ist unter dem Begriff der `selektiven Wahrnehmung` bekannt. Bei unethischen Verhalten kommt diese Tendenz besonders stark zum Tragen."[178]

Bis Anfang 2012 ist noch keine Entscheidung gefallen, inwieweit die EU die Maßnahmen der BayerLB anerkennt oder noch deutlichere konzeptionelle

---

[175] Vgl. ebd.
[176] Nur ein Auszug: „Das Ergebnis aus der Fair Value Bewertung (...) profitierte im ersten Quartal 2010 von den durch hohe Liquidität getriebenen, vergleichsweise festen Kapitalmärkten und deutlich niedrigeren Risikoaufschlägen (Credit Spreads) im Bereich Corporate Credit. Dies hat insbesondere in den Portfolios der Segmente Corporate & Markets sowie der Restructuring Unit zu Wertaufholungen geführt." (BAYERNLB / CORPORATE CENTER (2010a)).
[177] BAYERNLB / KONZERN-FINANZBERICHT (2010).
[178] BAZERMANN / TENBRUNSEL (2011).

Veränderungen fordert. Tendenziell ist aber abzusehen, dass der zuständige EU-Kommissar deutliche Nachbesserungen hinsichtlich der Neuausrichtung einfordern wird.[179]

5.4 Die „ethischen" Forderungen der Anteilseigner

Im Kapitel 4 haben wir dargestellt, dass die Forderungen der Anteilseigner der BayernLB zur Gewinnmaximierung unter Einhaltung des bayerischen Sparkassengesetzes an die Bank zwischen 2002 und 2007 keine wirtschafts-ethische Grundlage hatte. In diesem Kapitel wird untersucht, ob die Anforderungen an die BayernLB, die nach der Beihilfe 2008 gestellt werden, eine ethische Grundlage haben oder das Dilemma der Bank noch verstärken.

Zur Ausgangslage: Ende 2008 bekam die BayernLB mehr als 10 Milliarden Euro von Bayern als Beihilfe zur Verfügung gestellt. Gleichzeitig hat die Bank ein „neues" Geschäftsmodell entwickeln müssen, welches aber noch immer auf den partikularen Interessen des Bundeslandes und des Bayerischen Sparkassenverbandes basieren musste.[180] Die Leitplanken hierfür sind im bayerischen Sparkassengesetz festgelegt.[181] Zudem kam jetzt noch die Forderung vom Beihilfegeber, dass eine Privatisierung bis Ende des Jahres 2014 angestrebt werden müsse.[182] Diese Zielsetzung wurde öffentlich kommuniziert und damit der marktwirtschaftliche Druck auf die Bank erhöht, um auch den Steuerzahler nicht zu einer inhaltlichen Opposition zur Beihilfe zu bewegen.

Die geforderte erfolgreiche Privatisierung verstärkt zusammen mit der Begrenzung des Geschäftsmodells das Dilemma der BayernLB. Einerseits wird eine Unterstützung der Sparkassen und des bayerischen Mittelstandes gefordert – ein für die Bank margenschwaches Geschäft; andererseits muss sie sich nun aus zwei Gründen mit den Risiken eines internationalen Ratings auseinandersetzen. Im internationalen Vergleich ist der Gewinn der Bank, der die Basis für ein gutes Rating darstellt, nicht konkurrenzfähig und wird es

---

[179] Vgl. MUSSLER / MUßLER (2011).
„Was die EU-Kommission in der vergangenen Woche von der HSH Nordbank verlangt hat, scheint mental noch nicht in der BayernLB angekommen zu sein. Es kommt fast einem Schreckensszenario gleich, dass der Landesbank im Freistaat das blühen könnte, was nun den norddeutschen Kollegen widerfährt: Die krisengeschüttelte HSH wird rigoros zur Regionalbank gestutzt. So etwas kann aber auch der einst großen Landesbank mit Sitz in München passieren, die so viele Jahre so ambitioniert in die Welt schwirrte." (KÖHN (2011a)).
[180] Vgl. BAYERNLB / CORPORATE CENTER (2008).
[181] Vgl. SPARKASSENGESETZ BAYERN (1956).
[182] Vgl. KNIPPERS (2008).

durch die Einschränkung des Geschäftsmodells auch bleiben. Gleichzeitig bestimmt das Rating über die Höhe der anfallenden Refinanzierungskosten.

Der Gewinn ist gleichzeitig die Basis für die verschiedenen ökonomischen Berechnungsmodelle für den Unternehmenswert der BayernLB. Der bayerische Staat und der bayerische Steuerzahler erhoffen sich bei einer Privatisierung Einnahmen nahe der verauslagten 10 Milliarden Euro.

Das Ergebnis vor Steuern aus 2010 betrug 885 Millionen Euro.[183] Im ersten Quartal 2011 lag das Ergebnis vor Steuern bei 149 Millionen Euro.[184] Für das Gesamtjahr 2011 rechnet die BayernLB durch hohe Verluste der ungarischen Tochter MKB mit keinem Gewinn. Für eine IPO-Berechnung treffen wir folgende grundsätzliche (optimistische) Annahmen:

A) Wir gehen für 2011 EvSt von 334 Millionen Euro aus – für 2012 EvSt von 150 Millionen Euro.

B) Zur Berechnung des CAPM nehmen wir einen Basiszinssatz von 7 % einen Risikozinssatz von 12 % sowie durch das begrenzte Geschäftsmodell ein ß von 1,15.

Abb. 31: Möglicher Unternehmenswert der BayernLB 2013

ß: 1,15	Zinssatz: 12,75 %
885 x 0,8869 + 334 x 0,7866 + 150 x 0,6977 + 150 x 5,4719	
=	
1.973,07 Mrd. Euro	

Unter diesen Voraussetzungen würde der Unternehmenswert der BayernLB im Jahr 2013 für internationale Investoren rund 2 Milliarden Euro betragen.

Die Vermischung von Staat und Unternehmertum führt auch nach 2008 dazu, dass dem Management der BayernLB schnell Unvermögen vorgeworfen werden kann. Werthaltiges Geschäft wird durch Vorgaben eines regionalen Ordnungsrahmens unmöglich. „Wir benötigen einen klaren Ordnungsrahmen, innerhalb dessen die Akteure frei handeln können. (...) Die Krise eröffnet die große Chance, einen solchen zu schaffen. (...) Die Risiken sind global, also müssen wir auch globale Regeln schaffen, die zukünftig Krisen dieser

---

[183] Vgl. BAYERNLB / CORPORATE CENTER (2011a).
[184] Vgl. BAYERNLB / CORPORATE CENTER (2011b).

Dimension für die Zukunft unwahrscheinlicher machen."[185] Gewinnmaximierung wird mit Bankern, Analysten, Beratern und Investoren gleichgesetzt, die Politik steht als Vertretung des Steuerzahlers und als oberste Aufsicht für „das Gute". Im Fall der Landesbanken tritt die Politik, also die jeweilige Landesregierung als Investor auf und ist mit einer normalen Rendite für „Förderinstitute" nicht zufrieden. Die Landesbanken dienen als ordnungspolitisches Instrument und sollen gleichzeitig „marktübliche" Renditen für die Eigentümer erwirtschaften. Somit sind es nicht nur die Manager in den Banken, die die Verantwortung für die Schieflage der Finanzinstitute übernehmen müssen, wie es Ulrich Thielemann beschreibt.[186] Denn die jetzige und sich abzeichnende zukünftige Krise der BayernLB ist auch Schuld der Politik. Erneut wurde kein radikaler Schnitt mit einer Trennung von dem Institut vollzogen, um der Öffentlichkeit ein mögliches Nullsummenspiel vorzugaukeln, was aber unter den Parametern nicht gelingen kann (s. Unternehmenswertberechnung).

5.5 Ethische Voraussetzungen für eine mögliche Privatisierung

Dieses Kapitel beschäftigt sich mit der geplanten Privatisierung aus Sicht des leitenden Managements der BayernLB. Wir wollen hier insbesondere der Frage nachgehen, inwieweit das Management sich zu „nicht ethischen" Handlungen durch die öffentlich-rechtlichen Eigentümer und deren Vorgaben gezwungen fühlen könnte.

Die Vorgaben an das Management können unterschiedlicher nicht sein:

A) Umsetzung eines regionalen Geschäftsmodells unter der Voraussetzung eines Bestandsschutzes für die Sparkassen.

B) Kostenreduktion und „Abschmelzen" der Bilanzsumme sowie ein massiver Abbau von Arbeitsplätzen.

C) Gewinnsteigerung, um dadurch den staatlichen Eigentümern im Rahmen eines IPO hohe Erlöse zu bescheren.

Das ist das Zielfoto des Managements für die Jahre 2013 bis 2015. Der Eigentümer und auch die EU stellen keine wirtschaftsethischen Ansprüche. Beide erwarten selbständige ethische Handlungen des Managements, sie werden aber nicht als Ziel gesetzt.

Das Management hat in der Neuausrichtung der Bank einen möglichen Hebel gefunden, um gute Zahlen für das Rating und ein IPO zu generieren. Die Kontrolleure, die auch gleichzeitig Eigentümer sind, sehen weg. „Die

---

[185] ISSING (2009), S. 19.
[186] Vgl. THIELEMANN (2009b), S. 24.

BayernLB selbst sowie die Konzerntochter DKB profitierten auf ihren Kern-
märkten von einem verbesserten konjunkturellen Umfeld und einem insgesamt niedriger als geplanten Risikovorsorgebedarf."[187] Seit 1995 gehört die
Deutsche Kreditbank zur Bayerischen Landesbank / BayernLB. Eine Online-
Bank, die 1990 gegründet und erst jetzt in den letzten beiden Jahren zu
einem neuem strategischem Standbein aufgebaut wurde. Mit der DKB hat
die BayernLB einen deutschlandweiten Zugang zum Privatkunden. „Ein besonders starkes Wachstum konnte die DKB in den vergangenen Jahren als
Direktbank für Privatkunden verzeichnen. Mehr als 2 Millionen Privatkunden
nutzen inzwischen unser Internet Banking und die attraktiven Finanzie-
rungsangebote. Dazu zählen vor allem das mehrfach ausgezeichnete DKB-
Cash, das Privatdarlehen und die Immobilienfinanzierungen."[188] Damit hat
die DKB mittlerweile rund 20 % mehr Kunden als die comdirect Bank (1,6
Millionen). Nur die ING-DiBa nimmt mit 6,7 Millionen Kunden den absoluten
Spitzenplatz vor der DKB ein. Der Ausbau des Privatkundengeschäfts ist für
die BayerLB, obwohl nicht im Geschäftsmodell als Vorrangig beschrieben,
ein wichtiger Unternehmenswerttreiber. Ein schlüssiges Privatkundengeschäft kann das „ß" der BayernLB (vergl. Abb. 29) senken, und damit den
Unternehmenswert steigern.

Wenn auch auf unterschiedlichem Niveau, sind Parallelen in den Verhal-
tensmustern der Bankmanager und der Eigentümer zu erkennen. Eine offensichtliche Strategieveränderung der BayernLB wird toleriert, damit die ökonomischen Ziele erreicht werden. Der Staat verstößt als Investor gegen seine eigenen ethischen und ordnungspolitischen Vorgaben. Zusätzlich erfolgt
erneut durch eine „unethische" Handlung eine Wettbewerbsverzerrung.
Konnte das Management der BayernLB bis 2008 mit Geldern, die sie mit
dem Staat als Gewährträger aufgenommen hatten, handeln, kann es heute
durch die staatliche Finanzspritze mit extrem guten Konditionen Kunden für
ihre Internetbank DKB einwerben.

---

[187]   BAYERNLB / CORPORATE CENTER (2011a).
[188]   DKB (2011).

6. Schlussbetrachtung und Ausblick

Ausgangspunkt für die Arbeit war die Überlegung, dass wirtschaftsethisches Fehlverhalten im Landesbanken- / Förderbankensektor in Deutschland die größte weltweite Finanzkrise im Jahr 2008 mit beförderte.

Zusätzlich wurde untersucht, ob die handelnden Institutionen (Öffentlichkeit, Kontrollorgane und Management) dieses Fehlverhalten nach dem Fast-Zusammenbruch der globalen Wirtschaft korrigiert haben. Im Mittelpunkt der konkreten Analyse stand die zweitgrößte deutsche Landesbank, die BayernLB.

Folgende Fragen dienten als Leitfaden für die Untersuchung:

- Können die Begriffe „Wirtschaft" und „Ethik" miteinander verbunden werden? Ist „Wirtschaftsethik" ein wissenschaftlicher Teilbereich der Wirtschaftslehre?

- Lassen sich die Teilsysteme Geschäftsbanken und Landes- / Förderbanken im globalen Wirtschaftssystem voneinander abgrenzen?

- Sind partikulare ordnungspolitische Vorgaben global durchsetzbar?

- Haben Öffentlichkeit und Kontrollorgane, neben dem Management, im Zeitraum von 2002 bis 2008 eine wirtschaftsethische Mitschuld an dem Fast-Zusammenbruch der BayernLB?

- Welche wirtschaftsethischen Konsequenzen hat eine geplante Privatisierung der BayernLB?

- Hätte im Jahr 2002 oder 2008 die BayernLB aufgelöst werden müssen?

Die philosophische „Verortung" des Begriffs Wirtschaftsethik ist für diese Arbeit von fundamentaler Bedeutung. Nur so kann das alleinige Ziel nach Gewinnmaximierung eines Wirtschaftsunternehmens wissenschaftlich widerlegt werden.

Es ist notwendig, die Wirtschaftswissenschaften als soziologisch und nicht naturwissenschaftlich geprägt zu definieren. Der freie Wille zur Handlung und die Abbildung der Realität durch Kommunikation der Akteure prägen die Wirtschaftswissenschaft ebenso wie mathematische Modelle.

Es gibt nicht mehr ein nationales Bankensystem, indem es eine Ausdifferenzierung zwischen Geschäfts- sowie Landes- / Förderbanken möglich ist. Durch die Bewertung von internationalen Ratingagenturen, mit den direkten Auswirkungen auf die Geschäftstätigkeiten, wurde das nationale Bankensystem inklusive der beiden Subsysteme auf das internationale verschmolzen, in welchem keine „Sonderrolle" für Landes- und Förderbanken vorgesehen ist. U. a. wurde auch hier durch die gemeinsame Sprache – gerade auch im

Segment der neuen Finanzprodukte – eine neue einheitliche systemimma-nente Realität geschaffen.

Durch die Schaffung eines globalen Bankensystems wurden die nationalen partikularen politischen Systeme beschnitten. Unterschiedliche Hierarchie-ebenen der beiden Systeme sorgen dafür, dass es keine europäische oder globale Ordnungspolitik gibt. Die faktische Auflösung des nationalen Ban-kensystems sowie damit auch des Teilsystems Landes- / Förderbanken im Jahr 2002 (Brüsseler Konkordanz) wurde von der partikularen Öffentlichkeit und der Politik als Kontrollorgan nicht realisiert. Stattdessen wurde – wie im Fall der BayernLB – wirtschaftsethische Grundsätze zugunsten der Gewinn-maximierung hinten angestellt.

Eine Förderbank BayernLB wollte mit einer Eigenkapitalrendite von mehr als 17 % zwei Realitäten kreieren – einerseits ein Geschäftsmodell für das Bun-desland Bayern; andererseits die Beteiligung an modernen, internationalen, angelsächsisch geprägten Finanzprodukten / -systemen.

Die vom Bundesland geplante Privatisierung der BayernLB bis zum Jahr 2015, zwingt die Landesbank dazu, sich in vier „Realitäten" zu Recht zu fin-den. Die ersten zwei (s. o.) haben sich nicht gegenüber dem Jahr 2002 geän-dert. Durch das geplante IPO muss die Bank Gewinne ausweisen, die im internationalen Vergleich für Investoren konkurrenzfähig sind.

Zusätzlich kommt jetzt noch die Realität „Beihilfeverfahren EU" hinzu. Durch die gewährten Beihilfen steht das Geschäftsmodell der BayernLB unter ständiger wettbewerbsrechtlicher Beobachtung.

Vier unterschiedliche „Realitäten", die auch in vier unterschiedlichen Sprach-systemen ihren Ausdruck finden.

Unter der Voraussetzung, dass die BayernLB vom Staat geführt und ein staatlich diktiertes Geschäftsmodell hat, hätte die Bank 2002 oder spätes-tens 2008 aufgelöst werden müssen. Das Unternehmen kann sich nicht in einem globalen Bankensystem mit diesen Vorgaben behaupten und der „Fast-Zusammenbruch" 2008 ist aus wirtschaftsethischer Sicht somit eine logische Folge.

Deswegen wäre eine Zerschlagung der BayernLB auch nach der staatlichen Beihilfe 2008 notwendig gewesen. Denn neben der partikularen staatlichen Einflussnahme, der Realität des global verbundenen Bankensystems kommt nun auch noch eine dritte systemrelevante aber nicht -immanente Institution hinzu, die das Geschäftsmodell unter eigenen gesonderten Gesichtspunkten beeinflusst: Die EU-Kommission, die im Rahmen des Beihilfeverfahren konkrete Forderungen stellen wird – Forderungen, die weit über das gestartete Programm „Herkules" hinausgehen werden.[189]

---

[189] Vgl. KÖHN (2011b)

7. Literaturverzeichnis

A. Monographien

Aristoteles (2003): Nikomachische Ethik. Übersetzung und Nachwort von Franz Dirlmeier. Anmerkungen von Ernst A. Schmidt. Stuttgart 2003.

Aßländer, Michael S. (Hg) (2011): Handbuch Wirtschaftsethik. Stuttgart / Weimar 2011.

Aßländer, Michael S. und Ruter, Rudolf X. (2008): Unternehmerische Verantwortung in einer globalisierten Welt. Forum menschenwürdige Wirtschaftsordnung. Tutzing 2008.

Brecht, Berthold (2004): Die Dreigroschenoper. Frankfurt 2004.

Brodbeck, Karl-Heinz (2002): Beiträge zu Ethik und Wirtschaft. Dritte, ergänzte Auflage. Gröbenzell 2002.

Homann, Karl und Suchanek, Andreas (2000): Ökonomik. Eine Einführung. Tübingen 2000.

Homann, Karl und Lütge, Christoph (2005): Einführung in die Wirtschaftsethik. 2., korrigierte Auflage. Münster 2005.

Kant, Immanuel (1990a): Kritik der reinen Vernunft. Dritte, mit einer Bibliographie von Heiner Klemme erweiterten Auflage. Hamburg 1990.

Kant, Immanuel (1990b): Kritik der Urteilskraft. Siebente, mit einer Bibliographie von Heiner Klemme erweiterten Auflage. Hamburg 1990.

Kant, Immanuel (2010): Kritik der praktischen Vernunft. Herausgegeben Joachim Kopper. Stuttgart 2010.

Kneer, Georg und Nassehi, Armin (2000): Niklas Luhmanns Theorie sozialer Systeme. Eine Einführung. 4. unveränderte Auflage. Stuttgart 2000.

Koslowski, Peter (1979): Politik und Ökonomie bei Aristoteles. 2. Auflage. Straubing / München 1979.

Lenk, Carsten (2010): Rettung und Reform der Landesbanken. Einfluss der EU-Kommission auf den öffentlich-rechtlichen Bankensektor Deutschlands. Magisterarbeit. Norderstedt 2010.

Luhmann, Niklas (1970): Soziologische Aufklärung. 1. Band. Opladen 1970.

Luhmann, Niklas (1980): Gesellschaftsstruktur und Semantik. Studien zur Wissenssoziologie der modernen Gesellschaft. 1. Band. Frankfurt, 1980.

Luhmann, Niklas (1982): Liebe als Passion. Frankfurt 1982.

Luhmann, Niklas (1988): Erkenntnis als Konstruktion. Bern 1988.

Luhmann, Niklas (1990): Die Wissenschaft der Gesellschaft. Frankfurt 1990.

Pieper, Annemarie (2007): Einführungen in die Ethik. Tübingen 2007.

Pies, Ingo (2001): Ordnungspolitik in der Demokratie: Ein ökonomischer Ansatz diskursiver Politikberatung. Tübingen 2001.

Platon (1987): Phaidon. Übersetzung von Friedrich Schleiermacher. Nachwort von Andreas Graeser. Stuttgart 1987.

Schumpeter, Joseph A. (1972): Kapitalismus, Sozialismus und Demokratie. Einleitung von Edgar Salin, 3. Auflage. München 1972.

Schwarz, Friedhelm (1999): Das gekaufte Parlament. Die Lobby und ihr Bundestag. München 1999.

Ulrich, Peter (1998): Integrative Wirtschaftsethik. Grundlagen einer wirtschaftsdienlichen Ökonomie. 2., durchgesehene Auflage. Bern, Stuttgart, Wien 1998.

Weis, Andreas (2004): Collateralized Debt Obligation zur Unterstützung von Veränderungsprozessen in Landesbanken ausgelöst durch den Wegfall der Staatsgarantien im Jahre 2005. Diplomarbeit. Norderstedt 2004.

Wittgenstein, Ludwig (1971): Philosophische Untersuchungen. Frankfurt a. M. 1971.

B. Artikel

Allmendinger, Jutta und Hinz, Thomas (Hg) (2002): Organisationssoziologie. Schimank, Uwe, Organisationen: Akteurskonstellationen – Korporative Akteure – Sozialsysteme. Kölner Zeitschrift für Soziologie und Sozialpsychologie, Nr. 42, S. 29–54. Wiesbaden 2002.

Asmussen, Jörg (2006): Verbriefungen aus Sicht des Bundesfinanzministeriums. Zeitschrift für das gesamte Kreditwesen, Nr. 18, S. 10–12. Frankfurt 2006. http://www.nachdenkseiten.de/upload/pdf/081010_Asmussen.pdf. 26.08.2011.

Bazermann, Max H. und Tenbrunsel, Ann E. (2011): Der ethische Manager. Harvard Business Manager, Nr. 6. Hamburg 2011. http://www.harvardbusinessmanager.de/heft/artikel/a-764497.html. 26.08.2011.

Bievert, Bernd; Held, Klaus und Wieland, Josef (Hg) (1990): Sozialphilosophische Grundlagen des ökonomischen Handelns. Pieper, Annemarie, Ethik und Ökonomie: Historische und systematische Aspekte ihrer Beziehung, S. 86–101. Frankfurt 1990.

Greshoff, Rainer; Kneer, Georg und Schimank, Uwe (Hg) (2003): Die Transintentionalität des Sozialen. Eine vergleichende Betrachtung klassischer und moderner Sozialtheorien. Schimank, Uwe, Transintentionale Weiterung der Kommunikation über Transintentionalität, S. 440. Wiesbaden 2003.

Hackethal, Andreas (2003): German banks – a declining industry. Center for Financial Studies. Workingpaper, Nr. 27. Frankfurt 2003. https://www.ifk-cfs.de/fileadmin/downloads/publications/wp/03_27.pdf. 26.08.2011.

Issing, Otmar (2009): Globalen Ordnungsrahmen schaffen. Sechs Verstöße gegen die Soziale Marktwirtschaft. Lehren aus der Krise. Initiative neue soziale Marktwirtschaft, S. 14–19. Hamburg 2009.

Lexis, Ulrike (2004): >>Overbanked<< - Bankenlandschaft im Wandel. Fakten und Hintergründe zur notwendigen Strukturveränderung. Forschung Frankfurt, Nr.1, S. 42–44. Frankfurt 2004.

Pies, Ingo (2003): Weltethos versus Weltgesellschaftsvertrag. Methodische Weichenstellung für eine Ethik der Globalisierung. Discussion Paper No. 03-3, Wittenberg Center for Global Ethics. Wittenberg 2003.

Popper, Karl R. (1945): Die Verteidigung des Rationalismus. (1945) In David Miller (Hg): Karl R. Popper Lesebuch, S. 12–25. Tübingen 1995.

Priddat, Birger P. und Schmid, Michael (Hg) (2011): Korruption als Ordnung zweiter Art. Peter Graeff: Korruption und Sozialkapital. Eine handlungstheoretische Perspektive auf die negativen externen Effekte korrupter Akteursbeziehungen, S. 11–42. Wiesbaden 2011.

Schrooten, Mechthild (2009): Landesbanken: Zukunft ungewiss. Wirtschaftsdienst, Vol. 89, Nr. 10. Hamburg 2009.

Selten, Reinhard (2001): Die konzeptionellen Grundlagen der Spieltheorie einst und jetzt. Discussion paper, Nr. 2. Bonn 2001.
ftp://web.bgse.uni-bonn.de/pub/RePEc/bon/bonedp/bgse2_2001.pdf. 26.08.2011.

Solow, Robert M. (1985): Economic History and Economics. The American Economic Review, Vol 75, No.2, S. 328–331. Pittsburgh 1985.

Thielemann, Ulrich (2009a): Ökonomie nach der Krise: Das Ende der Marktgläubigkeit. Wirtschaftsdienst, Nr. 7. Hamburg 2009.
http://www-personal.umich.edu/~rudib/thielemann.pdf. 26.08.2011.

Thielemann, Ulrich (2009b): Wir verdienen nur, wenn ihr auch verdient. Sechs Verstöße gegen die Soziale Marktwirtschaft. Lehren aus der Krise. Initiative neue soziale Marktwirtschaft, S. 24–27. Hamburg 2009.
http://www.vhu.de/vhu/VhUHomepage.nsf/3ee95e66aee4aa22c1256f6b002fbff3/3577cce818ee86efc12571b60049d6fc/$FILE/booklet. 26.08.2011.

Ulrich, Peter (2006): Politische Ökonomie, wirtschaftlich rekonfiguriert. Funktionale Systemökonomie im Kontext praktischer Sozialökonomie. Zeitschrift für Wirtschafts- und Unternehmensethik, Nr. 7/2, S. 164 – 182. Mering 2006.
http://www.zfwu.de/fileadmin/pdf/2_2006/7_2_08_Hauptbeitrag_Ulrich.pdf. 26.08.2011.

Ulrich, Peter (2009): Die gesellschaftliche Einbettung der Marktwirtschaft als Kernproblem des 21.Jahrhundert. Eine wirtschaftsethische Fortschrittsperspektive. Abschiedsvorlesung vom 5. Mai. 2009. Berichte des Instituts für Wirtschaftsethik, Nr. 115. St. Gallen 2009.
www.alexandria.unisg.ch/export/DL/53332.pdf. 26.08.2011.

Weber, Max (1973): Die Objektivität sozialwissenschaftlicher und sozialpolitischer Erkenntnis. Gesammelte Aufsätze zur Wissenschaftslehre, 9. Auflage, S.146–214. Tübingen 1973.

Von Schubert, Hartwig (2009): Vom ehrbaren Kaufmann. Harvard Business Manager, Nr. 8, S. 104–107. Hamburg 2009.

C. Zeitungsartikel

Auer, Katja (2010): Lauter Ahnungslose und ein paar Kuriositäten. Untersuchungsausschuss BayernLB. Süddeutsche Zeitung. München 2010. http://www.sueddeutsche.de/bayern/untersuchungsausschuss-bayernlb-lauter-ahnungslose-und-ein-paar-kuriositaeten-1.1024728. 26.08.2011.

Bastian, Nicole (2005): Commerzbank: Der ewige Übernahmekandidat greift an. Handelsblatt. Frankfurt 2005. http://www.handelsblatt.com/unternehmen/banken/commerzbank-der-ewige-uebernahmekandidat-greift-an/2576508.html. 26.08.2011.

Bastian, Nicole und Drost, Frank M. (2009): KfW in tiefroten Zahlen. Handelsblatt. Frankfurt und Berlin 2009. http://www.handelsblatt.com/unternehmen/banken/kfw-in-tiefroten-zahlen/3144148.html. 26.08.2011.

Deutsche Presseagentur (Hg) (2011): BayernLB: Anklage gegen gesamten Ex-Vorstand. München 2011. http://wirtschaft.t-online.de/presse-anklage-gegen-gesamten-ex-vorstand-der-bayernlb/id_46101392/index. 26.08.2011.

Feldenkirchen, Markus und Neukirch, Ralf (2009): Spiegel-Gespräch mit Horst Seehofer. Populist ist kein Schimpfwort. Spiegel, Nr. 8. Hamburg 2009. http://www.spiegel.de/spiegel/print/d-64197207.html. 26.08.2011.

Fischer, Joschka (2011): Ein einziges Debakel. Spiegel Gespräch, S. 26–28. Hamburg 2011

Geyer, Christian (2009): Rot stellt sich tot. Frankfurter Allgemeine Zeitung. Frankfurt 2009. http://www.faz.net/artikel/C31315/links-in-krisenzeiten-rot-stellt-sich-tot-30108488.html. 26.08.2011.

Grönebaum, Stefan (2008): 10 Milliarden für BayernLB – Sparkassen verlieren Einfluss. DEMO – Die Monatszeitschrift für Kommunalpolitik, Nr. 11. Berlin 2008. http://www.demo-online.de/nachrichten/10-milliarden-fuer-bayernlb-sparkassen-verlieren-einfluss. 26.08.2011.

Issig, Peter (2008): Bayerische Landesbank wird zum Milliardengrab. Welt Online. Berlin 2008. http://www.welt.de/regionales/muenchen/article2802609/Bayerische-Landesbank-wird-zum-Milliardengrab.html. 26.08.2011.

Johannsen, Kai (2005): Ideenreiche Landesbanken. Zu den Strategien der Landesbanken, mit denen sich nach Wegfall der Anstaltslast Refinanzierungsvorteile noch sehr lange nutzen lassen. Kommentar. Börsen Zeitung, S. 1. Frankfurt 2007. http://www.finanznachrichten.de/nachrichten-2005-06/5011838-boersen-zeitung-ideenreiche-landesbanken-kommentar-von-kai-johannsen-zu-den-strategien-der-landesbanken-mit-denen-sich-nach-wegfall-der-anstaltslast-007.htm. 26.08.2011.

Kaiser, Stefan (2011): Perfekte Sündenböcke. Kritik an Ratingagenturen. Kommentar. Spiegel online. Hamburg 2011. http://www.spiegel.de/wirtschaft/soziales/0,1518,772761,00.html. 26.08.2011.

Kemmer, Michael (2007): Liquiditätsmanagement mit kontinuierlichem Funding. Börsenzeitung, Nr. 13. Frankfurt 2007.

Knippers, Herrmann-Josef (2008): Minister will BayernLB komplett privatisieren. Handelsblatt. Frankfurt 2008.
http://www.handelsblatt.com/unternehmen/banken/minister-will-bayernlb-komplett-privatisieren/3050478.html. 26.08.2011.

Köhn, Rüdiger (2011a): Schreckensszenario HSH. Frankfurter Allgemeine Zeitung. Frankfurt 2011.

Köhn, Rüdiger (2011b): BayernLB ringt mit der EU um eine Lösung. Frankfurter Allgemeine Zeitung. Frankfurt 2011.

Mußler, Hanno (2011): Der Tabubrecher. Frankfurter Allgemeine Zeitung. Frankfurt 2011.
http://www.faz.net/artikel/C30638/martin-blessing-der-tabubrecher-30462288.html. 26.08.2011.

Mussler, Werner und Mußler, Hanno (2011): Alumnia ärgert sich über Bayern. Hilfen für Landesbanken. Frankfurter Allgemeine Zeitung. Frankfurt 2011.
http://www.faz.net/artikel/C30638/hilfen-fuer-landesbanken-almunia-aergert-sich-ueber-bayern-30467963.html. 26.08.2011.

Poullain, Ludwig (2011): Ein Nachruf auf meine Westdeutsche Landesbank. Frankfurter Allgemeine Sonntagszeitung. Frankfurt 2011.

Redl, Josef (2009): Herkules-Aufgaben. Profil, Nr. 28/09, S. 44. Wien 2009.

Sleegers, Anna (2011): Kreditwürdigkeit. Die unheimliche Macht der Ratingagenturen. Berliner Zeitung. Berlin 2011.

Steinbrück, Peer (2009): Wirtschaft ohne Moral schadet allen. Für ein breites gesellschaftliches Bündnis gegen den Irrsinn der Krise. Denk doch mal.de, Nr. 04. Hamburg 2009.
http://www.denk-doch-mal.de/node/230. 26.08.2011.

Wittkowski, Bernd (2005): Weitere Schritte der Öffnung wären wünschenswert. Ohne Anstaltslast und Gewährträgerhaftung: Bundesbank-Vorstandsmitglied Meister über die neuen Wettbewerbsbedingungen am deutschen Bankenmarkt. Börsenzeitung Nr. 135. Frankfurt 2005.
http://www.bundesbank.de/download/presse/reden/2005/20050716_boersenzeitung_meister.pdf. 26.08.2011.

D. Pressemitteilungen

Drücke, Nathalie (Hg) (2002): IKB und KfW haben das erste Globaldarlehen zur Mittelstandsförderung unterzeichnet. Presseerklärung Nr. 34. Frankfurt und Düsseldorf 2002.
http://www.kfw.de/kfw/Applications/PrintContent.jsp?oid=22783. 26.08.2011.

BayernLB, Coporate Center (Hg) (2008): BayernLB stellt sich neu auf. Bank fokussiert sich auf Kernaktivitäten. München 2008.
http://www.bayernlb.de/internet/de/InvestRela/Veroeffentlich/IR_Releases/2008/Dezember/20081201.html. 26.08.2011.

BayernLB, Coporate Center (Hg) (2009a): BayernLB kommt beim Umbau voran. Vier externe Verwaltungsräte benannt – positives Ergebnis der Bank im 1. Halbjahr 2009. München 2009.
http://www.bayernlb.de/internet/de/InvestRela/Veroeffentlich/IR_Releases/2009/Juli/20090720.html. 26.08.2011.

BayernLB, Coporate Center (Hg) (2010a): BayernLB erzielt im ersten Quartal 2010 zufriedenstellendes Ergebnis. München 2010.
http://www.bayernlb.de/internet/ln/ar/sc/Internet/de/Downloads/0800_Financial_Offie_IT_Operations/0821InvestorRelations/IR_Releases/IR_Release_Q1_2010.pdf. 26.08.2011.

BayernLB, Coporate Center (Hg) (2011a): Bilanzpressekonferenz 2010: BayernLB übertrifft eigene Planungen deutlich und erzielt Ergebnis vor Steuern von 885 Mio. Euro. München 2011.
http://www.bayernlb.de/internet/de/presse/presseinfo/2011/Maerz/20110330BilanzPK2011.html. 26.08.2011.

BayernLB, Coporate Center (Hg) (2011b): BayernLB erzielt im ersten Quartal 2011 zufriedenstellendes Ergebnis. München 2011.
http://www.bayernlb.de/internet/de/presse/presseinfo/2011/Mai/20110518quartal1.html. 26.08.2011.

EU-Wettbewerbskommission (Hg) (2002): Deutschland will Vereinbarungen mit der Kommission über staatliche Garantien für Landesbanken und Sparkassen umsetzen. Pressemitteilung, Nr. IP/02/343. Brüssel 2002.
europa.eu/rapid/pressReleasesAction.do?reference=IP/02/343. 26.08.2011.

EU-Wettbewerbskommission (Hg) (2009): Staatliche Beihilfen: Grünes Licht für Rekapitalisierung der Commerzbank. Pressemitteilung, IP/09/711. Brüssel 2009.
europa.eu/rapid/pressReleasesAction.do?reference=IP/09/711. 26.08.2011.

Helbig, Michael (Hg) (2011): KfW 2010 mit Rekordgewinn. Pressemitteilung, Nr. 23 D. Frankfurt 2011.
http://www.kfw.de/kfw/de/KfW-Konzern/Medien/Aktuelles/Pressearchiv/2011/20110407_49280.jsp. 26.08.2011.

Kroes, Neelie (Hg) (2005): Capital increase BayernLB, Germany. European Commission, NN 72/05. Brüssel 2005.
europa.eu/rapid/pressReleasesAction.do?...IP/. 26.08.2011.

Kroes, Neelie (Hg) (2008): Staatliche Beihilfe, Deutschland. Staatliche Beihilfe an die BayernLB. Europäische Kommission, Nr. 215/2008. Brüssel 2008.
ec.europa.eu/eu_law/state_aids/comp-2008/n615-08.pdf. 26.08.2011.

Lips, Richard (Hg) (2006): Klaus-Peter Müller auf dem Investors Day der Commerzbank: 2007 soll die Eigenkapitalrendite nach Steuern auf mindestens 11% steigt. Pressemitteilung. Frankfurt 2006.
http://www.openpr.de/news/100947/direct-Commerzbank-AG-Klaus-Peter-Mueller-auf-dem-Investors-Day-der-Commerzbank.html. 26.08.2011.

Marotzke, Stefan und Roth, Michaela (Hg) (2011): Haasis: Erwerb der Deka-Anteile wichtiger strategischer Schritt für Sparkassen in Deutschland. DSGV Pressemitteilung, Nr. 55. Berlin 2011. http://www.dsgv.de/de/presse/pressemitteilungen/110608_PM_Closing_DekaBank_55.html. 26.08.2011.

Monti, Mario (Hg) (2002): Staatliche Beihilfen – Deutschland Anstaltslast und Gewährträgerhaftung. Europäische Kommission, Generaldirektion Wettbewerb, Nr. E10/2000. Brüssel 2002. ec.europa.eu/eu_law/state_aids/comp-2000/e010-00-1.pdf. 26.08.2011.

Rabe, Stephan (Hg) (2003): Fiktive S&P-Landesbanken-Ratings sind unverantwortlich und unseriös. Bundesverband öffentlicher Banken Deutschlands, Pressemitteilung. Berlin 2003. http://www.presseportal.de/pm/42234/499930/fiktive-s-p-landesbanken-ratings-sind-unverantwortlich-und-unserioes. 26.08.2011.

E. Geschäftsberichte / Gesetzestexte / Gutachten

Bayerischer Staatsanzeiger (Hg) (2008): BayernLB-Satzung, Nr. 18. München 2008. http://www.presseportal.de/pm/42234/499930/fiktive-s-p-landesbanken-ratings-sind-unverantwortlich-und-unserioes. 26.08.2011.

Bayerische Landesbank (Hg) (2001): Geschäftsbericht. München 2001. http://www.bayernlb.de/internet/de/InvestRela/Veroeffentlich/berichte/berichte.html. 26.08.2011.

Bayerische Landesbank (Hg) (2002): Geschäftsbericht. München 2002. http://www.bayernlb.de/internet/de/InvestRela/Veroeffentlich/berichte/berichte.html. 26.08.2011.

BayernLB (Hg) (2003): Geschäftsbericht. München 2003. http://www.bayernlb.de/internet/de/InvestRela/Veroeffentlich/berichte/berichte.html. 26.08.2011.

BayernLB (Hg) (2003): Geschäftsbericht. München 2003. http://www.bayernlb.de/internet/de/InvestRela/Veroeffentlich/berichte/berichte.html. 26.08.2011.

BayernLB (Hg) (2004): Geschäftsbericht. München 2004. http://www.bayernlb.de/internet/de/InvestRela/Veroeffentlich/berichte/berichte.html. 26.08.2011.

BayernLB (Hg) (2005): Geschäftsbericht. München 2005. http://www.bayernlb.de/internet/de/InvestRela/Veroeffentlich/berichte/berichte.html. 26.08.2011.

BayernLB (Hg) (2006): Geschäftsbericht. München 2006. http://www.bayernlb.de/internet/de/InvestRela/Veroeffentlich/berichte/berichte.html. 26.08.2011.

BayernLB (Hg) (2009): Geschäftsbericht. München 2009. http://www.bayernlb.de/internet/de/InvestRela/Veroeffentlich/berichte/berichte.html. 26.08.2011.

BayernLB (Hg) (2010): Konzern-Finanzbericht, Nr. 3. München 2010. http://www.bayernlb.de/internet/de/InvestRela/Veroeffentlich/berichte/berichte. html. 26.08.2011.

Bundesbank (Hg) (2010): Monatsbericht, Nr. 3. Frankfurt 2010. http://www.bundesbank.de/download/volkswirtschaft/monatsberichte/2010/2010 03mb_bbk.pdf. 26.08.2011.

Erhardt, Ludwig (1963): Regierungserklärung. Bonn 1963. http://www.ludwig-erhard-stiftung.de/files/wohlstand_fuer_alle.pdf. 26.08.2011.

LobbyControl (Hg) (2007): Konvent für Deutschland – Wegbereiter unpopulärer Reformen. Die komplette Kurzstudie. Köln 2007. http://www.lobbycontrol.de/blog/index.php/2007/03/konvent-fur-deutschland-wegbereiter-unpopularer-reformen/. 26.08.2011.

Schlossmacher, Stefan und Schmitt, Joachim (Hg) (2010): Prüfung von haftungsrelevanten Tatbeständen bei Vorstand und Verwaltungsrat der Bayerischen Landesbank insbesondere zur Vorratskreditaufnahme im Juni/Juli 2005 und der Verwendung der aufgenommenen Beiträge. Bonn 2011.

Schmidt, Werner (Hg) (2002): Protokoll der Verwaltungsratssitzung der BayernLB, Nr. 11. München 2002.